税賠保険事故から学ぶ

税目別

税理士実務の落とし穴

税理士 **中島孝一** ［著］

ぎょうせい

はじめに ……………………………………………………

　日本税理士会連合会では、税理士業務の過誤により依頼者からの損害賠償請求に備え、税理士職業賠償責任保険への加入を勧めています。

　税理士職業賠償責任保険は、税理士又は税理士法人が税理士資格に基づいて行った業務によって生じた損害賠償請求事故を補償するものです。また、税理士職業賠償責任保険は、日本税理士会連合会を保険契約者とする団体保険であり、日本税理士会連合会へ登録・届出をされている税理士及び税理士法人が加入できる仕組みになっています。

　毎年、上記の保険契約における事故事例が株式会社日税連保険サービスから公表され、保険金が支払われた事例と保険金が支払われなかった事例25件程度が紹介されています。

　本書は、その保険事故を基に「Ⅰ　税理士職業賠償責任保険の概要」・「Ⅱ　税目別の保険事故件数及び保険事故内容」・「Ⅲ　税目別の保険事故事例」の順に構成しています。

　「Ⅰ　税理士職業賠償責任保険の概要」・「Ⅱ　税目別の保険事故件数及び保険事故内容」は総論部分であり、税理士職業賠償責任保険の仕組みを紹介するとともに、税目別ではどの税目の事故が多いか概観しています。

　圧倒的に事故の多い税目は消費税であり、全体の事故件数の約5割を占めます。消費税の事故件数のうち、基準期間に係る届出書（簡易課税制度選択（選択不適用）・免税事業者の課税選択等）の提出失念が約7割に達し、その傾向が過去5年を調べても変わりがない状況です。

　「Ⅲ　税目別の保険事故事例」は各論部分になりますが、令和元年度（令和元年7月1日～令和2年6月30日）の事故事例を中心として税目別（所得税・譲渡所得税・法人税・消費税・相続税等）に15件取り上げ、各事故事例について「事故事例の要因」・「事故事例からの教訓（落とし穴）」

を検討しています。

　「なぜ保険事故が起きたのか」その要因を探り、今後「保険事故を防ぐため」に採用すべき方策などを検討するとともに、事故事例に関連する税制の基本的な仕組み、税制の留意点及び税制改正などにも言及しています。

　本書が、税理士事務所・税理士法人の先生方・職員の方々にとって、税理士実務を誤りなく遂行するための一助となれば、望外の喜びです。

　令和4年11月

著者　中島　孝一

目　　次

はじめに

税理士職業賠償責任保険の概要

税目別の保険事故件数及び保険事故内容

Ⅲ　税目別の保険事故事例

1　所得税・個人住民税の保険事故事例　　　　　　　16

5　相続税・贈与税の保険事故事例　　　　　　137

巻末資料　令和4年度版　自己診断チェックリスト

凡　例

本文中の法令・通達の名称は、以下のように省略しています。

所得税法 …………………………………… 所法
所得税法施行令 …………………………… 所令
所得税基本通達 …………………………… 所基通
法人税法 …………………………………… 法法
法人税法施行令 …………………………… 法令
法人税法施行規則 ………………………… 法規
法人税基本通達 …………………………… 法基通
相続税法 …………………………………… 相法
消費税法 …………………………………… 消法
消費税法施行令 …………………………… 消令
消費税法基本通達 ………………………… 消基通
国税通則法 ………………………………… 通法
租税特別措置法 …………………………… 措法
租税特別措置法施行令 …………………… 措令
租税特別措置法施行規則 ………………… 措規
租税特別措置法関係通達 ………………… 措通
地方税法 …………………………………… 地法

〈表記例〉

法法22③一 …… 法人税法第22条第3項第1号

なお、本書解説の「1　事故事例」のうち、(1) 事故の概要、(2) 事故発覚の経緯、(3) 事故の原因、(4) 税賠保険における判断、(5) 支払保険金については株式会社日税連保険サービスが公表している「税理士職業賠償責任保険事故事例（2019年7月1日〜2020年6月30日）」を引用、一部加工・修正しています。

税理士職業賠償責任
保険の概要

[1] 税理士職業賠償責任保険の加入について

　日本税理士会連合会では、相次ぐ税制改正や経済取引の複雑化等により、税理士業務の過誤による損害賠償請求が毎年数多く発生していることから、税理士会会員は依頼者保護を図るとともに、予測不可能な事故から事務所を守るため、税理士職業賠償責任保険（以下「税賠保険」という）への加入を進めている。

[2] 税賠保険の仕組み

1　税理士業務による事故を補償

　税理士又は税理士法人が税理士資格に基づいて行った業務によって生じた損害賠償請求事故を補償する。

2　税賠保険の保険契約者

　日本税理士会連合会を保険契約者とする団体保険であり、日本税理士会連合会へ登録・届出をしている税理士及び税理士法人が加入できる。

3　税賠保険の補償の対象

　保険期間中に損害賠償請求を受けた場合を補償の対象としている。したがって、業務を行った時の保険加入の有無は問わない。

4　税賠保険の主契約と特約

⑴　主契約

　主契約の対象となる税理士業務の範囲は、次のとおりである。

税賠保険で対象となる業務
①　税務代理（税理士法第2条第1項）
②　税務書類の作成（税理士法第2条第1項）
③　税務相談（税理士法第2条第1項）
④　上記①～③の業務に付随して行う業務のうち（税理士法第2条第2項業務）、財務書類の作成又は会計帳簿の記帳代行（税理士法第2条第2項）
⑤　裁判所における補佐人としての陳述（税理士法第2条の2）
⑥　被保険者が税理士法人である場合、税理士法第48条の6の規定に基づいて委託を受けて行う事務（税理士法第48条の6）

⑵　特　約

特約（追加保険料が必要）には、次のものがある。

①　事前税務相談業務担保特約（主契約でカバーできない税務相談を補償）

②　情報漏えい担保特約（マイナンバーの漏えいも補償）

5　税賠保険の保険料は必要経費・損金

支払った保険料は、全額が必要経費又は損金に算入される。

［3］　保険金の支払可否等について

1　保険事故は厳正に審査

税賠保険の保険事故において、税理士が職業上相当の注意を尽くしたか否か、あるいは税理士の過失割合はどうかについて、個々の事案ごとに審査することになる。

一件・一件厳正に調査検討し、妥当な損害賠償金額を認定されたものであるが、紙幅の関係上、その要旨のみを掲載している。

したがって、この保険事故事例に掲載されているものと一見同様の内容であっても、直ちに有責あるいは同額の保険金が支払われることではない。

2　保険金の支払可否及び金額の算定について

　保険金の支払可否及び金額の算定については、公正を期すため、保険事故審査会（学識経験者で構成）・調査委員会（日本税理士会連合会推薦の税理士・弁護士・保険会社で構成）を設置し、その審査を経て決定している。

[4]　保険金支払いに関するルール

1　減少する納税額に相当する金額は損害額から控除

　納税額が過大であったこと（又は還付額が過少であったこと）の結果として、納税者が納付すべき他の納税額が減少する場合（将来において減少する場合を含む）には、保険金の支払対象となる損害保険金を算出するに際し、この減少する納税額に相当する金額を、損害額から控除することとしている。

2　損害賠償金の支払いにより生ずる税額の増加

　納税者に支払った損害賠償金が納税者にて雑収入その他の益金（名目のいかんを問わない）として計上されることによって、納税者の法人税・所得税・住民税等の税額が増加する場合がある。この場合、当該増加税額については保険金に含まれない。

税目別の保険事故件数
及び保険事故内容

［1］ 保険事故事例の税目別内訳・保険事故件数・保険金支払額

　平成30年度及び令和元年度の保険事故事例の税目別内訳・保険事故件数・保険金支払額は、次のようになっている。

　いずれの年度にも共通することとして、消費税の保険事故事例が約1/2（50％弱）であり、法人税の保険事故事例が約1/4（約25％）で、消費税と法人税で全体の保険事故の3/4（約75％）を占めることである。

平成30年度（平成30年7月1日～令和元年6月30日）

税　目	保険事故件数	保険金支払額（百万円）
所得税	91 （17.1%）	2億5千9百万円 （14.5%）
法人税	128 （24.1%）	4億7千5百万円 （26.8%）
消費税	258 （48.5%）	8億4千8百万円 （47.8%）
相続税	25 （4.7%）	9億8百万円 （5.5%）
贈与税	20 （3.7%）	6千2百万円 （3.5%）
その他	10 （1.9%）	3千4百万円 （1.9%）
合　計	532 （100%）	17億7千6百万円 （100%）

令和元年度（令和元年7月1日～令和2年6月30日）

税　目	保険事故件数	保険金支払額（百万円）
所得税	72 （14.0%）	2億5千5百万円 （11.3%）
法人税	131 （25.7%）	6億8千5百万円 （30.3%）
消費税	252 （49.3%）	9億6千7百万円 （42.8%）
相続税	31 （6.0%）	1億8千7百万円 （8.2%）
贈与税	17 （3.4%）	1億4千8百万円 （6.6%）
その他	8 （1.6%）	1千7百万円 （0.8%）
合　計	511 （100%）	22億5千9百万円 （100%）

　なお、令和元年度の1件当たりの保険金支払額は、次の計算から約442万円になる。

※令和元年度の1件当たりの保険金支払額

　22億5千9百万円 ÷ 511件 ＝ 442万円

[2]　平成30年度（平成30（2018）年7月1日〜令和元（2019）年6月30日）税目別内訳と主な事故原因

税　　目	件数	支払額（百万円）	主　な　内　容
所得税	91	2億5千9百万	(1)　青色専従者給与の届出書提出失念（3件） (2)　青色申告承認申請書の提出失念（4件） (3)　住宅借入金等特別控除の適用誤り（9件） (4)　上場株式等に係る譲渡損失の繰越控除の適用失念（10件） (5)　減価償却費の計上誤り（5件） (6)　雇用者給与等支給額が増加した場合の税額控除（所得拡大促進税制）の適用失念（4件） (7)　肉用牛売却所得の免税制度適用失念（2件） (8)　グリーン投資減税適用失念（2件） (9)　建物の耐用年数誤りによる減価償却費の過少計上 (10)　特定居住用財産の譲渡損失の損益通算及び繰越控除適用失念　　等
法人税	128	4億7千5百万	(1)　雇用者給与等支給額が増加した場合の税額控除（所得拡大促進税制）の適用失念（54件） (2)　雇用者給与等支給額が増加した場合の税額控除（所得拡大促進税制）の計算誤り (3)　事前確定届出給与の提出失念・記載誤り（27件） (4)　青色申告の承認申請書提出失念（10件） (5)　欠損金の繰戻還付請求書提出失念（6件） (6)　試験研究費の増加額等に係る法人税額の特別控除適用失念（2件） (7)　中小企業者投資促進税制の適用失念（4件） (8)　地方活力向上地域等において雇用者の数が増加した場合の税額控除適用失念　　等
消費税	258	8億4千8百万	(1)　簡易課税選択届出書・提出失念（42件） (2)　簡易課税不適用届出書・提出失念（93件） (3)　課税事業者選択届出書・提出失念（35件） (4)　課税事業者不適用届出書・提出失念（9件） (5)　簡易課税・原則課税　誤選択（13件） (6)　課税事業者　誤選択（2件） (7)　課税仕入れ税額　一括／個別　誤選択（26件） (8)　その他（38件）

税　　目	件数	支払額（百万円）	主　な　内　容
相続税	25	9千8百万	(1)　小規模宅地の特例適用誤り（8件） (2)　相続時精算課税選択届出書の提出失念 (3)　広大地評価の適用失念 (4)　障害者控除の適用失念 (5)　財産の一部の分割確定に係る更正の請求書提出失念 (6)　土地評価誤り (7)　農業相続人が農地等を相続した場合の納税猶予の特例適用に必要な担保提供書提出失念（2件） (8)　非上場株式等についての相続税の納税猶予における担保提供失念　　　等
贈与税	20	6千2百万	(1)　相続時精算課税選択届出書の提出失念（9件） (2)　直系尊属から住宅取得等資金の贈与を受けた場合の非課税の特例適用失念（3件）　　　等
その他	10	3千4百万	(1)　事業所税の課税標準の特例適用失念（地方税） (2)　固定資産税等の課税標準の特例（地方税法附則15条43項）提出失念 (3)　労働者派遣の見落としによる事業税過払　　　等
合　　計	532	17億7千6百万	

（株式会社日税連保険サービス「税理士職業賠償責任保険事故事例」（2018年7月1日～2019年6月30日）を一部加工）

[3]　令和元年度（令和元（2019）年7月1日～令和2（2020）年6月30日）税目別内訳と主な事故原因

税　　目	件数	支払額（百万円）	主　な　内　容
所得税	72	2億5千5百万	⑴　上場株式等に係る譲渡損失の繰越控除の適用失念（6件） ⑵　居住用財産の3,000万円の特別控除適用失念（4件） ⑶　株式等の譲渡における有利な概算取得費の失念（3件） ⑷　住宅借入金特別控除と認定長期優良住宅等特別控除の誤選択（3件） ⑸　上場株式等の配当所得に係る申告分離／総合課税の選択誤り ⑹　建物の耐用年数誤りによる減価償却費の計上誤り ⑺　源泉徴収選択口座の譲渡所得の申告失念 ⑻　減価償却費計上誤り ⑼　譲渡した株式等の取得費算定誤り ⑽【事前税務相談】居住用財産の買換え等の場合の譲渡損失の損益通算及び繰越控除適用要件の助言誤り ⑾【事前税務相談】不動産売却時期の助言誤り（長期譲渡所得税率の適用不可）　　等
法人税	131	6億8千5百万	⑴　雇用者給与等支給額が増加した場合の税額控除（所得拡大促進税制）の適用失念（32件） ⑵　事前確定届出給与の提出失念（18件） ⑶　事前確定届出給与額変更届出書の提出失念・記載誤り（16件） ⑷　青色申告の承認申請書提出失念（16件） ⑸　雇用者給与等支給額が増加した場合の税額控除（所得拡大促進税制）の計算誤り／別表添付漏れ（6件） ⑹　試験研究費の増加額等に係る法人税額の特別控除適用失念（2件） ⑺　中小企業経営強化税制の適用失念 ⑻　別表の添付失念 ⑼【事前税務相談】合併に関する助言誤り（繰越欠損金の引継ぎの失敗）　　等

税　目	件数	支払額（百万円）	主　な　内　容
消費税	252	9億6千7百万	(1) 簡易課税選択届出書・提出失念（44件） (2) 簡易課税不適用届出書・提出失念（81件） (3) 課税事業者選択届出書・提出失念（40件） (4) 課税事業者不適用届出書・提出失念（8件） (5) 簡易課税／原則課税　誤選択（15件） (6) 課税事業者　誤選択（6件） (7) 課税仕入れ税額　一括／個別　誤選択（23件） (8) その他（35件）
相続税	31	1億8千7百万	(1) 小規模宅地の特例適用誤り（15件） (2) 広大地評価の適用失念（5件） (3) 財産評価誤り（3件） (4) 相続時精算課税選択届出書の提出失念 (5) 非上場株式等についての納税猶予の特例適用不可による期限後申告 (6) 農業相続人が農地等を相続した場合の納税猶予の特例適用失念 (7)【事前税務相談】相続空き家の特例適用要件に関する助言誤り (8)【事前税務相談】空き家譲渡の特例適用要件に関する助言誤り　等
贈与税	17	1億4千8百万	(1) 相続時精算課税選択届出書の提出失念（4件） (2) 直系尊属から住宅取得等資金の贈与を受けた場合の非課税の特例適用失念（4件） (3) 事業承継税制申告時に必要な担保提供書の提出失念 (4) 非上場株式等の納税猶予の特例適用申告時に必要な担保提供書の提出失念　等
その他	8	1千7百万	(1) 中小企業等経営強化法に基づく固定資産税の特例適用失念 (2) 事業税納付税額の計算誤り（更正期限徒過） (3)【事前税務相談】償却資産税の特例要件に関する説明誤り　等
合　計	511	22億5千9百万	

（株式会社日税連保険サービス「税理士職業賠償責任保険事故事例」（2019年7月1日～2020年6月30日）を一部加工）

［4］ 税目別の保険事故事例の傾向

1 所得税の保険事故事例の傾向

　所得税の令和元年度の保険事故事例は、次のように「上場株式等関連」の事故が多い。

　所得税の配当所得に対する課税方式（総合・分離）の選択だけでなく、個人住民税について課税方式の選択に基づく申告書の提出失念の事故もある。

　⑴　上場株式等に係る譲渡損失の繰越控除の適用失念（6件）

　⑵　居住用財産の3,000万円の特別控除の適用失念（4件）

　⑶　株式等の譲渡における有利な概算取得費の失念（3件）

　⑷　上場株式等の配当所得に係る申告分離／総合課税の選択誤り　　等

2 法人税の保険事故事例の傾向

　法人税の令和元年度の保険事故件数は、次のように「所得拡大促進税制（賃上げ促進税制）」・「事前確定届出給与」関係の提出失念が全体の約2分の1（72件÷131件≒55％）を占めている。

直近3年間の法人税の保険事故件数の推移

項　　目	平成29年度	平成30年度	令和元年度
①所得拡大促進税制の適用失念	67件（41.9%）	54件（42.2%）	32件（24.4%）
②所得拡大促進税制の計算誤り／別表添付漏れ			6件（4.6%）
③事前確定届出給与の提出失念	23件（14.4%）	27件（21.1%）	18件（13.8%）
④事前確定届出給与額変更届出書の提出失念・記載誤り			16件（12.2%）
①～④の小計	90件（56.3%）	81件（63.3%）	72件（55.0%）
⑤その他	70件（43.7%）	47件（36.7%）	59件（45.0%）
合　　計	160件（100%）	128件（100%）	131件（100%）

3 消費税の保険事故事例の傾向

　消費税の令和元年度の保険事故事例は、次のように基準期間に基づく各種届出書の提出失念が全体の約3分の2（175件 ÷ 252件 ≒ 69.4％）を占めている。

① 簡易課税選択届出書・提出失念　　44件 ⎫
② 簡易課税不適用届出書・提出失念　81件 ⎬ 175件
③ 課税事業者選択届出書・提出失念　40件 ⎪
④ 課税事業者不適用届出書・提出失念　8件 ⎭

　したがって、基準期間に基づく各種届出書の提出失念を防ぐことができれば、消費税の保険事故は相当程度減少することになる（現状の約3分の1に減少する可能性がある）。

直近3年間の消費税保険事故件数の推移

項　　目	平成29年度	平成30年度	令和元年度
①簡易課税選択届出書・提出失念	39件（15.5％）	42件（16.3％）	44件（17.5％）
②簡易課税不適用届出書・提出失念	88件（35.1％）	93件（36.0％）	81件（32.1％）
③課税事業者選択届出書・提出失念	46件（18.3％）	35件（13.6％）	40件（15.9％）
④課税事業者不適用届出書・提出失念	9件（3.6％）	9件（3.5％）	8件（3.2％）
①～④の小計	182件（72.5％）	179件（69.4％）	173件（68.7％）
⑤その他	69件（27.5％）	79件（30.6％）	9件（31.3％）
合　　計	251件（100％）	258件（100％）	252件（100％）

4 相続税・贈与税の保険事故事例の傾向

　相続税で多い保険事故事例は、年度を問わず「小規模宅地等の特例」に係る制度の認識誤りである。

　特に、令和元年度は、保険事故件数31件のうち、ほぼ半数が「小規模宅地等」に関する事故（15件）であった。

　贈与税で多い保険事故事例は、年度を問わず「相続時精算課税選択届出書」・「住宅取得等資金の非課税特例」に関する事故である。

Chapter

III

税目別の
保険事故事例

1 所得税・個人住民税の保険事故事例

> **[1]** 帳簿価額の記載を誤ったため減価償却費の計上が不足した結果、過大納付所得税額が発生した事例

1 事故事例

　本件事例は、令和元年度の所得税の事故のうち、比較的事故が多い減価償却費に関連するものである。

(1) 事故の概要

　税理士は、平成20年の所得税の申告において、本来の帳簿価額より少ない帳簿価額を基に減価償却費を計上してしまった。その結果発生した過大納付所得税額・住民税額及び事業税額について、税理士は依頼者から損害賠償請求を受けた。

(2) 事故発覚の経緯

　平成30年において当該不動産の売却を行う際に、「帳簿価額が残っていないのは何故か」と依頼者から質問があり、帳簿価額の転記ミスが発覚した。

(3) 事故の原因

　システムの変更により税理士が帳簿価額の転記を誤り、本来の帳簿価額よりも少ない金額を基に減価償却費を計上してしまったため。

(4) 税賠保険における判断

　システム変更の際にしっかり確認し帳簿価額の転記の誤りに気が付いていれば、正しい減価償却費を計上することが可能であったことから、税理士に責任ありと判断された。

⑸ 支払保険金

　平成26年から5年間は更正の請求を行うことにより還付を受けることができたため、平成20年から平成25年までに発生した過大納付所得税額約1,560万円を認容損害額とし、免責金額30万円を控除した約1,530万円が保険金として支払われた。

2　事故事例の要因

⑴　減価償却資産の償却費の費用配分

①　費用配分された償却費はその年分の必要経費に算入

　建物等の減価償却資産は、毎年使用することにより物理的・経済的に価値が減少するが、その価値の減少は、毎年の賃貸収入等に貢献している実態がある。

　つまり、建物等を取得するための支出は、毎年の賃貸収入等を獲得するための費用の前払いと位置付けられることから、その取得のために支出した年分の経費とするのではなく、その建物等が有効に業務の用に供される期間（耐用年数）の費用として配分する必要がある。

　その費用配分の方法を減価償却といい、その費用配分した金額を償却費として配分した年分の不動産所得等の金額の計算上、必要経費の額に算入される（所法37）。

②　建物の償却方法

　建物は、定額法（毎年の償却費が定額）により償却費の計算を行うが、その計算式は次のようになる（所令120の2①一イ⑴）。

$$取得価額 \times \left[\begin{array}{c} 建物の法定耐用年数 \\ における定額法の償却率 \end{array} \right] = その年分の償却費の額$$

⑵　事故事例は償却費の過少計上

　事故事例は、償却費の計算基礎となる取得価額を、転記誤りにより本来の取得価額より少ない金額で償却費の計算をしてしまったことによる事故である。

前頁(1)②の償却費の計算式のうち、「取得価額」か「耐用年数による償却率」のいずれかに誤りがあれば、償却費に過不足が生じることになる。

3 事故事例からの教訓（落とし穴）

> ・事故原因の類型は様々である。
> ・事故原因の解明を行う。
> ・防止策として組織体制の整備などが考えられる。

(1) 事故原因の類型は様々

事故事例は、「システムの変更により税理士が帳簿価額の転記を誤り、本来の帳簿価額よりも少ない金額を基に減価償却費を計上してしまったため」という単純ミスであったが、事故原因の類型として下表①から⑧などがある。

本書における事故事例 [1] から [15] のほとんどが、下表の事故の類型に当てはまるものといえる。

本件事故は、下表②や⑦に類する誤りといえるが、事故原因が解明された後は再発防止に努めるべきである。

事故の類型	事故原因
①税法・省令・通達（優遇税制の適用失念等）	税法・省令・通達の不知（見落とし）、不十分な理解や解釈誤り
②事実関係	事実関係の不確認、確認不十分
③税法・省令・通達と事実関係の当てはめ誤り	所得の種類区分、課税・非課税・不課税区分などの判断誤り、検討誤り
④申告書・申請書・別表・届出書	提出失念や書式・用紙誤り、記載誤り、記入漏れ、添付書類不足や添付書類誤り、過去の届出書提出状況の確認不足
⑤申告期限・届出期限等	期限の失念、期限を誤って認識
⑥シミュレーション	申告方法・所得額計算方法・税額計算方法等に複数の選択肢がある場合のシミュレーションの失念、シミュレーション内容の誤り

事故の類型	事故原因
⑦計算誤り、会計処理の誤り	足し算・引き算誤り、法令規定の計算順序の誤り、定率法と定額法の誤り
⑧依頼者への説明不足、依頼者の意思確認不足	税法上の選択（消費税や租税特別措置等）、課税事業者選択届、簡易課税制度選択届、一括比例配分方式の２年間拘束

(2)　再発防止策

　再発防止策としては、チェックリスト等の活用であったり、関与先との連携や組織体制の整備が考えられる。

①　チェックリスト等の活用

　次のようなチェックリスト等は、入手が容易であることから積極的に活用すべきである。

・自己診断チェックリスト（公益財団法人 日本税務研究センター）

・チェックシート（国税庁HP）

・業務チェックリスト（日本税理士会連合会・業務対策部）

・自主点検チェックシート・自主点検ガイドブック（公益財団法人 全国法人会総連合）

②　関与先との連携

　関与先とコミュニケーションを密にとり、事前に十分な説明を行い、有利選択は依頼者を含めて行うとともに、届出書等は、依頼を受けたらすぐに提出し、意思決定の証拠は書面に残すように心掛けることが重要である。

(3)　組織体制の整備

　事故の防止策としては、次のような項目を反復して再確認することに尽きるといえる。

・自己研鑽を欠かさない

・思い込みに注意する

・職員等の税務知識向上を心掛ける

・組織内でのチェック体制を構築する

・組織内で担当者を定期的に変更する

・毎年「新しい目」で確認する

　なお、前記**3**(1)・(2)・(3)は、「税理士職業賠償責任保険事故事例（2019年7月1日〜2020年6月30日）株式会社日税連保険サービス」から抜粋し引用している。

4　中古資産の耐用年数の取扱い

(1)　中古資産の耐用年数

　前記**2**(1)②の償却費の計算要素のうち耐用年数について、中古資産を取得して事業の用に供した場合には、その資産の耐用年数は、法定耐用年数ではなく、その事業の用に供した時以後の使用可能期間として見積もられる年数によることができる（耐令3・耐通1−5−1〜4）。

　ただし、その中古資産を事業の用に供するために支出した資本的支出の金額がその中古資産の再取得価額（中古資産と同じ新品のものを取得する場合のその取得価額をいう）の50％に相当する金額を超える場合には、耐用年数の見積りをすることはできず、法定耐用年数を適用することになる。

　また、使用可能期間の見積りが困難であるときは、次の簡便法により算定した年数によることができる。

①　法定耐用年数の全部を経過した資産 　その法定耐用年数の20％に相当する年数
②　法定耐用年数の一部を経過した資産 　その法定耐用年数から経過した年数を差し引いた年数に経過年数の20％に相当する年数を加えた年数 　なお、これらの計算により算出した年数に1年未満の端数があるときは、その端数を切り捨て、その年数が2年に満たない場合には2年とする。
（注）中古資産の耐用年数の算定は、その中古資産を事業の用に供した事業年度において 　　することができるものであることから、その事業年度において耐用年数の算定をし 　　なかったときは、その後の事業年度において耐用年数の算定をすることはできない。

〈計算例〉

　法定耐用年数が30年で、経過年数が10年の中古資産の簡便法による見積耐用年数

　イ　法定耐用年数から経過した年数を差し引いた年数

$$30年 － 10年 ＝ 20年$$

　ロ　経過年数10年の20％に相当する年数　　10年 × 20％ ＝ 2 年

　ハ　耐用年数　　　　　　　　　　　　　　20年 ＋ 2 年 ＝ 22年

(2) 中古資産の耐用年数に対する会計検査院の指摘

　会計検査院（平成27年度決算検査報告）から、国外中古建物の減価償却費（簡便法による耐用年数）の在り方について、次の指摘がされていた。

第2　国外に所在する中古の建物に係る所得税法上の減価償却費について

(2)　減価償却費の計上による所得税の負担への影響

ア　不動産所得の損失の状況

　建物の状況を把握できた延べ3,376人について、不動産所得の状況をみると、……平成25年分の不動産所得に損失が生じている者は、国内に所在する建物のみ所有している者のうち中古等建物を所有している者が321人のうち42人（13.0％）となっているのに対して、国外に所在する中古等建物を所有している者が153人のうち129人（84.3％）となっていて、国外に所在する中古等建物を所有している者の多くが不動産所得に損失が生じている状況がうかがえる。

　……このように、国外に所在する中古等建物を所有していて、不動産所得に損失が生じている者については、賃貸料収入を上回る減価償却費が計上されている者が多く、多額の減価償却費の計上が不動産所得の損失の主な要因になっていた。

図表9 建物の所有の状況を把握できた者の不動産所得の状況（単位：人、千円）

国内国外別	年分	種類別	納税者数	不動産所得が0円以上の者		不動産所得に損失が生じていた者	
				人数	不動産所得の平均額	人数	不動産所得の平均額
国外に所在する建物を所有	平成23年	中古等建物を所有	109	18	8,162	91	△12,434
		その他建物のみ所有	154	60	8,538	94	△2,295
		小計	263	78	8,457	185	△7,282
	24年	中古等建物を所有	119	25	12,315	94	△12,204
		その他建物のみ所有	159	78	5,853	81	△1,970
		小計	278	103	7,217	175	△7,467
	25年	中古等建物を所有	153	24	15,488	129	△13,745
		その他建物のみ所有	178	85	6,547	93	△2,570
		小計	331	109	8,487	222	△9,063
	計	中古等建物を所有	381	67	12,427	314	△12,904
		その他建物のみ所有	491	223	6,859	268	△2,292
		計	872	290	8,056	582	△8,017
国内に所在する建物のみを所有	25年	中古等建物を所有	321	279	31,038	42	△3,509
		その他建物のみ所有	2,183	1,834	18,017	349	△2,176
		計	2,504	2,113	19,712	391	△2,319
合計			3,376	2,403	18,378	973	△5,728

イ 所得税の負担への影響

　国外に所在する中古等建物を所有している者のうち、賃貸料収入を上回る多額の減価償却費を計上している者は、不動産所得に損失が生じ、給与所得等の総合課税に属する他の所得との損益通算を行って総合課税に係る所得金額及び所得税額が減少することになる。そして、これらの者については、中古等建物に係る減価償却費を計上して所得税額が減少した後、当該建物を長期にわたって所有し不動産事業の用に供し続けれ ば、将来的には減価償却費を計上できなくなることにより、不動産所得

が増加し、所得税額が増加することになる。

　しかし、国外に所在する中古等建物を譲渡したり、我が国から出国して非居住者となり我が国の所得税法の適用を受けない者になったりすることになれば、将来的に増加することになる所得税額の一部を負担しない場合が生ずることになる。

　そこで、23年分から25年分までの不動産所得に係る決算書において、国外に所在する中古等建物を所有し、これに係る減価償却費を計上していた‥‥204人についてみたところ、8人は国外に所在する中古等建物を25年に譲渡していた。そして、前記のとおり、減価償却費の累計額は、建物を譲渡することによる譲渡所得の金額の計算上、当該建物の取得費から控除されるため、譲渡所得の金額はその分増加するものの、総合課税に比べて低い税率が適用される場合には、全体として所得金額の負担が減少することになる。

4　本院の所見

　日本とアメリカ合衆国・英国等では、建物を取り巻く状況が大きく異なっているが、国外に所在する建物に対しても国内に所在する建物と同一の税制が適用されることになっている。

　……、国外に所在する中古等建物については、簡便法により算定された耐用年数が建物の実際の使用期間に適合していないおそれがあると認められる。そして、賃貸料収入を上回る減価償却費を計上することにより、不動産所得の金額が減少して損失が生ずることになり、損益通算を行って所得税額が減少することになる。

　したがって、本院の検査によって明らかになった状況を踏まえて、今後、財務省において、国外に所在する中古の建物に係る減価償却費の在り方について、様々な視点から有効性及び公平性を高めるよう検討を行っていくことが肝要である。

5　令和2年度税制改正

(1)　国外中古建物の不動産所得の課税の適正化

　会計検査院の指摘は、国外中古建物の減価償却費（簡便法による耐用年数）の在り方についてであったが、令和2年度税制改正では、中古資

産の簡便法による耐用年数の見直しには触れず、その代わりに中古資産の簡便法による耐用年数により計算された償却費の必要経費への算入を制限する措置がとられた。

財務省資料を一部修正

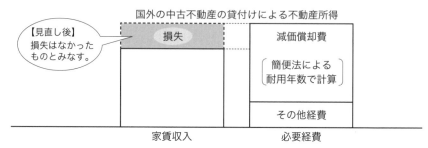

（注）令和３年分以後の所得税について適用

(2) 国外中古建物の不動産所得に係る損益通算等の特例

　個人が、令和３年以後の各年において、国外中古建物から生ずる不動産所得を有する場合は、その年分の不動産所得の金額の計算上、国外不動産所得の損失の金額があるときは、その「国外不動産所得の損失の金額」のうち「国外中古建物」の償却費に相当する部分の金額は、所得税に関する法令の規定の適用については、生じなかったものとみなすことになった（措法41の４の３①）。

① 「国外中古建物」とは

　前記の「国外中古建物」とは、個人において使用され、又は法人において事業の用に供された国外にある建物であって、個人が取得をしてこれをその個人の不動産所得を生ずべき業務の用に供したもののうち、不動産所得の金額の計算上その建物の償却費として必要経費に算入する金額を計算する際の耐用年数を次の方法により算定しているものをいう（措法41の４の３②一）。

　イ　法定耐用年数の全部を経過した資産についてその法定耐用年数の20％に相当する年数を耐用年数とする方法

　ロ　法定耐用年数の一部を経過した資産についてその資産の法定耐用

年数から経過年数を控除した年数に、経過年数の20%に相当する年数を加算した年数を耐用年数とする方法

ハ　その用に供した時以後の使用可能期間の年数を耐用年数とする方法（その耐用年数を国外中古建物の所在地国の法令における耐用年数としている旨を明らかにする書類その他のその使用可能期間の年数が適切であることを証する一定の書類の添付がある場合を除く）

② 「国外不動産所得の損失の金額」とは

前記の「国外不動産所得の損失の金額」とは、不動産所得の金額の計算上生じた国外中古建物の貸付けによる損失の金額（その国外中古建物以外の国外にある不動産等から生ずる不動産所得の金額がある場合には、当該損失の金額を当該国外にある不動産等から生ずる不動産所得の金額の計算上控除してもなお控除しきれない金額）をいう（措法41の4の3②二）。

⑶　国外中古建物を譲渡した場合

前記⑴の適用を受けた国外中古建物を譲渡した場合における譲渡所得の金額の計算上、その取得費から控除することとされる償却費の額の累計額からは、前記⑴によりなかったものとみなされた償却費に相当する部分の金額を除くこととされた（措法41の4の3③）。

[2] 更正の請求期限を誤認したことにより過大納付所得税額が発生した事例

1 事故事例

　本件事例に係る更正の請求期限は2月以内であったが、税理士はその請求期限を5年以内と思い込んでいたことによる事故である。

(1) 事故の概要

　税理士は、相続により取得した不動産を相続税の申告期限前に譲渡し、相続税額の取得費加算の特例を適用しない譲渡所得の申告書を提出した。

　更正の請求は5年以内であれば提出可能であるとの判断から、相続税申告書を提出後、相続税の税務調査が終了し相続税額に変動がないことを確認してから、相続税額の取得費加算の特例の適用をした更正の請求書を提出したところ、本件における所得税の更正の請求は、相続税の申告書を提出した日の翌日から2月を経過する日までであることを理由に却下された。

　更正の請求が不可となったため発生した過大納付所得税額及び住民税額について、税理士は依頼者から損害賠償請求を受けた。

(2) 事故発覚の経緯

　本件における所得税の更正の請求は、相続税の申告書を提出した日の翌日から2月を経過する日までである旨税務署より指摘を受けて発覚した。

(3) 事故の原因

　更正の請求期限は5年以内との思い込みから、本件における更正の請求期限の確認を怠ったため。

(4) 税賠保険における判断

　更正の請求期限には特則等が規定されている事項等もあるため、提出を予定する更正の請求にかかる期限の確認は重要であり、税理士が更正の請求期限を正確に認識していれば、期限までに更正の請求書の提出は可能であったことから、税理士に責任ありと判断された。

(5) 支払保険金

　過大納付所得税額及び住民税額等約400万円を認容損害額とし、免責金額30万円を控除した370万円が保険金として支払われた。

2 事故事例の要因

(1) 相続財産を譲渡した場合における取得費加算の特例

　前記1事故事例(1)における「相続税額の取得費加算の特例」とは、相続又は遺贈により取得した土地・建物・株式等の財産を一定期間内に譲渡した場合には、相続税額のうち一定金額を譲渡資産の取得費に加算することができる制度（以下、「本特例」という）をいい、適用要件などは次のとおりである（措法39）。

① 適用要件

　相続又は遺贈により財産を取得した者で、その財産を取得した者に相続税が課税されている場合において、その財産を相続開始のあった日の翌日から相続税の申告期限の翌日以後3年を経過する日までに譲渡すれば、本特例の適用を受けることができる。

② 取得費加算の計算式

　取得費に加算する相続税額は、次の算式により計算した金額になる。

　ただし、その金額が本特例を適用しないで計算した譲渡益（土地・建物・株式等を譲渡対価から取得費・譲渡費用を差し引いて計算する）の金額を超える場合は、その譲渡益相当額となる。

〈算式〉

$$\text{その者の相続税額} \times \frac{[\text{その者の相続税の課税価格の計算の基礎とされたその譲渡した財産の価額}]}{[\text{その者の相続税の課税価格}] + [\text{その者の債務控除額}]} = \text{取得費に加算する相続税額}$$

(2) 所得税の確定申告後に確定する相続税額

　相続財産を譲渡した日の属する年分の所得税の確定申告書を提出した後に、その相続財産に係る相続税の申告期限が到来し、かつ、その相続税について期限内申告書の提出を行い相続税が確定した場合には、その相続税の期限内申告書の提出をした日の翌日から2月以内に、相続財産に係る取得費加算の特例の適用を受けたい旨を記載した書類その他一定の書類を添付した更正の請求書を提出することにより、本特例の適用を受けることができる（措法39④・⑤）。

　具体的には、次の〈例示〉のようになる。

〈例示〉

(3) 事故事例における請求時期の誤認

　本件事例では、更正の請求の請求期限は相続税の期限内申告書を提出した日の翌日から2月以内であるにもかかわらず、法定申告期限から5年以内であると税理士が思い込んでいたため、依頼者は本特例の適用を受けることができなかったものである。

3 事故事例からの教訓（落とし穴）

> ・通常の更正の請求の請求期限は、法定申告期限から5年以内である。
> ・更正の請求の特則の請求期限は、一定事由が生じた日の翌日から2月以内である。
> ・取得費加算に係る「その者の相続税額」は、相続税の修正申告等により異動する場合がある。

(1) 更正の請求の請求期限

　更正の請求は、通常は法定申告期限から5年以内に限り、その過大納付税額について還付を受けることができる制度である（通法23①）（詳細は31頁**4**参照）。

(2) 後発的事由による更正の請求の特則

　上記(1)にかかわらず、納税申告書を提出した者に一定の事由が生じたときは、その事実が生じた日の翌日から2月以内に限り、税務署長に対しその申告書について、上記(1)による更正の請求をすることができる（通法23②、所法152、153）。

　本件事例は、「後発的事由による更正の請求の特則」に該当し請求期限は2月以内であったが、税理士は請求期限について法定申告期限から5年以内であると思い込んでいたことによる事故である。

(3) 修正申告等により相続税額が異動する場合

　前記**1**(1)事故の概要では、「相続税の税務調査が終了し相続税額に変動がないことを確認してから、相続税額の取得費加算の特例の適用をした……」と記述があるように、税務調査等により相続税額が増額等することがあるため、税理士は相続税額に異動がないことを確認してから取得費加算の計算をすることを予定していたため、請求期限である2月を徒過してしまったようである。

譲渡した相続財産に係る「その者の相続税額」は、税務調査等により申告漏れの相続財産があれば、当初申告した相続税額が異動（増額）することになり、連動して「その者の相続税額」も異動（増額）する。

相続税の期限内申告書を提出した時点での「その者の相続税額」 ▶ 税務調査により財産の申告漏れが発覚 ▶ 相続税額が異動（増額） ▶ 異動（増額）した相続税額により取得費加算の再計算（増額） ▶ 所得税額が過大となり更正の請求が可能

(4)　税理士が更正の請求書の提出を相続税の税務調査後とした理由

　前記**2**(2)〈例示〉のように、9月10日に相続税の期限内申告書を提出した時点で、「その者の相続税額」が確定したことにより「取得費加算額」を算定し、その算定した「その者の相続税額」に基づいて過大納付所得税額に係る更正の請求書を提出する選択肢もあった。

　しかし、税理士は更正の請求の請求期限は法定申告期限から5年以内であると思い込んでいたため、相続税の申告書提出から1年後から2年後の間に行われる可能性が高い税務調査が終了した後に（財産の申告漏れが発覚し相続税額が増額される可能性を考慮して）、相続税額の異動がないことを確認して、所得税額について更正の請求書を提出することを想定していたことによる事故といえる。

(5)　更正の請求の請求期限は5年以内だけではない

　更正の請求ができる期間は、通常の更正の請求であれば法定申告期限から5年以内（通法23①）である。

　しかし、その後において申告に係る税額等の計算の基礎となった事実が異なることとなったことなどの場合においては、例外的にその事由が生じた日の翌日から2月以内に限り、後発的事由に基づく更正の請求をすることが認められている（通法23②）。

　この他に後発的事由に基づく更正の請求は、各個別税法（所法152、153、法法82、相法32、消法56等）において規定されているものがある。

　実務においては、過去の学んだ法令の規定に認識誤りがないか、改めて確認することが必要である。

4　更正の請求の仕組み

(1)　更正の請求とは

　所得税の確定申告書の申告期限までに納付した所得税額に過大納付額があれば、更正の請求という手続により過大納付した所得税額の還付を受けることができる（通法23①）。

　具体的には、更正の請求書を税務署長に提出することにより行うが、更正の請求書が提出されると、税務署ではその内容の検討をして、過大納付があったと認めた場合には、減額更正をして過大納付した所得税額について還付手続を行う。

　なお、更正の請求ができる期間は原則として法定申告期限から5年以内である。

(2)　更正の請求期間が5年になった経緯

　更正の請求期間は、現行制度では法定申告期限から5年以内となっているが、平成23年12月1日までは1年以内であった。

　更正の請求期間の延長は、平成23年度税制構築法（民主党政権当時）により、平成23年12月2日以後に法定申告期限が到来する所得税などの国税について、更正の請求ができる期間が法定申告期限から原則として5年（改正前1年）に延長された経緯がある。

（例）所得税の更正の請求ができる期間

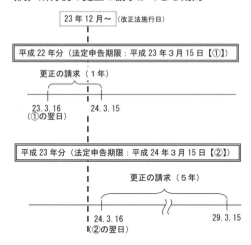

(3) 国税通則法で規定する更正の請求

　納税申告書を提出した者は、次のいずれかに該当する場合には、その申告書に係る国税の法定申告期限から5年（下記②に掲げる場合のうち法人税に係る場合については、10年）以内に限り、税務署長に対し、その申告に係る課税標準等又は税額等につき更正をすべき旨の請求をすることができる（通法23①）。

①　その申告書に記載した課税標準等若しくは税額等の計算が国税に関する法律の規定に従っていなかったこと又はその計算に誤りがあったことにより、その申告書の提出により納付すべき税額が過大であるとき。
②　上記①に規定する理由により、その申告書に記載した純損失等の金額が過少であるとき、又はその申告書に純損失等の金額の記載がなかったとき。
③　上記①に規定する理由により、その申告書に記載した還付金の額に相当する税額が過少であるとき、又はその申告書に還付金の額に相当する税額の記載がなかったとき。

　また、納税申告書を提出した者は、次のいずれかに該当する場合には、上記にかかわらず、それぞれに定める期間（2月以内）において、その該当することを理由として更正の請求をすることができる（通法23②）。

後発的事由	更正の請求ができる期間
④　その申告、更正又は決定に係る課税標準等又は税額等の計算の基礎となった事実に関する訴えについての判決（判決と同一の効力を有する和解その他の行為を含む）により、その事実がその計算の基礎としたところと異なることが確定したとき。	その確定した日の翌日から起算して2月以内
⑤　その申告、更正又は決定に係る課税標準等又は税額等の計算に当たってその申告をし、又は決定を受けた者に帰属するものとされていた所得その他課税物件が他の者に帰属するものとする他の者に係る国税の更正又は決定があったとき。	その更正又は決定があった日の翌日から起算して2月以内
⑥　その他国税の法定申告期限後に生じた前記④・⑤に類する一定のやむを得ない理由があるとき。	その理由が生じた日の翌日から起算して2月以内

⑷　所得税法で規定する後発的事由による更正の請求の特則

　所得税の確定申告書を提出した者は、その申告書に係る各種所得の金額につき、これに準ずる政令（所令274）で定める事実が生じたことにより（**表1**参照）、前頁⑶①から③の事由が生じたときは、その事実が生じた日の翌日から2月以内に限り、税務署長に対しその申告書について、更正の請求をすることができる（所法152、153）。

表1　所得税法施行令274条の事実

後発的事由	更正の請求ができる期間
①　確定申告書の提出に係る年分の各種所得の金額の計算の基礎となった事実のうちに含まれていた無効な行為により生じた経済的成果がその行為の無効であることに基因して失われたこと。	無効となった日の翌日から起算して2月以内
②　上記に掲げる者のその年分の各種所得の金額の計算の基礎となった事実のうちに含まれていた取り消すことのできる行為が取り消されたこと。	その取り消された日の翌日から起算して2月以内

5 所得税における更正の請求に係る留意点

⑴ 平成23年度税制構築法による更正の請求の範囲の拡大

平成23年度税制構築法では、当初申告の際、申告書に適用金額を記載した場合に限り適用が可能とされていた措置（当初申告要件がある措置）のうち、一定の措置（所得税関係は表2参照）については、更正の請求により事後的に適用を受けることができるようになった。

更正の請求の範囲の拡大（緩和）は、税賠保険の事故事例の減少に貢献するものといえる。

表2　所得税関係の当初申告要件の廃止

①	給与所得者の特定支出の控除の特例
②	保証債務を履行するために資産を譲渡した場合の所得計算の特例
③	純損失の繰越控除
④	雑損失の繰越控除
⑤	変動所得及び臨時所得の平均課税
⑥	外国税額控除
⑦	資産に係る控除対象外消費税額等の必要経費算入

⑵ 増額更正も延長

平成23年度税制構築法による更正の請求が1年から5年に延長されたことは納税者にとって歓迎すべき見直しといえるが、同時に増額更正も従前の3年から5年に延長されていることに留意すべきである。

また、偽り・不正行為により税額を免れるなどの脱税の場合に税務署長が行う増額更正の期間は現行のとおり7年とされた。

[3] 配当所得に係る住民税申告不要手続を失念したことにより、過大納付住民税額が発生した事例

1 事故事例

本件事例は、上場株式等に係る配当所得等が所得税と個人住民税で異なる課税方式を選択できることから、選択可能な仕組みであることによる事故といえる。

(1) 事故の概要

配当所得について、住民税は申告不要制度を選択することで、個人住民税及び国民健康保険料の負担を軽減することができたにもかかわらず、市町村に対して申告不要とする旨の申告書の提出を失念してしまったため発生した過大納付住民税額等について、税理士は依頼者から損害賠償請求を受けた。

(2) 事故発覚の経緯

依頼者から国民健康保険料が多額になったとの指摘があり、税理士が確認したところ、個人住民税の申告書の提出を失念していたことが発覚した。

(3) 事故の原因

配当所得については、個人住民税と所得税とで異なる課税方式を選択することが可能であり、一定の手続をとることで、所得税で総合課税又は申告分離課税を選択し、住民税で申告不要制度を選択することが可能であったにもかかわらず、税理士が個人住民税を申告不要とする旨の書類提出を失念したため。

(4) 税賠保険における判断

税理士が制度を十分に理解しておらず、申告不要とするための手続を

失念したことは、税理士に責任ありと判断された。

⑸　支払保険金

　過大納付住民税額等約200万円を認容損害額とし、免責金額30万円を控除した170万円が保険金として支払われた。

2　事故事例の要因

⑴　上場株式等に係る配当所得等の課税方式

　上場株式等に係る配当所得等については、次のように①申告不要方式、②総合課税方式、③申告分離課税方式の3つの課税方式がある。

総務省資料

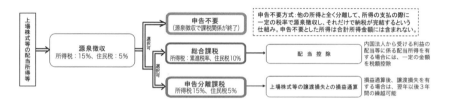

⑵　所得税と個人住民税で異なる課税方式を選択することが可能

　個人が上場株式等の配当所得等について、所得税の確定申告及び個人住民税の申告を行うことにより、所得税と個人住民税において異なる課税方式を選択することが可能である。

　具体的には、次頁図表のように、所得税で総合課税を選択した確定申告書を提出した後に、個人住民税で総合課税を選択した申告書を提出しない場合には、個人住民税で総合課税を選択した申告書の提出されたものとみなされる。

　また、個人住民税で申告不要を選択した申告書を提出した後に、所得税の確定申告書を提出し、所得税では総合課税を選択することもできる。

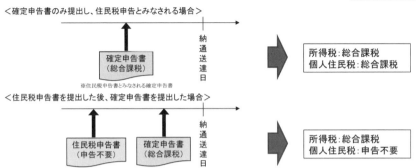

3 事故事例からの教訓（落とし穴）

> ・事故事例の誤りを繰り返さないため、上場株式等の配当所得等は、所得税と個人住民税において異なる課税方式を選択が可能であることを理解する必要がある。
>
> ・令和6年度分以後は、所得税と個人住民税の課税方式を一致させることになったため、それ以後は事故事例と同様の誤りは存在しなくなる。

(1) 現行制度の仕組みを再確認する

前記**2**「(1)上場株式等に係る配当所得等の課税方式」及び「(2)所得税と個人住民税で異なる課税方式を選択することが可能」の仕組みを再確認すれば、本件事例のような事故は防ぐことが可能なはずである。

(2) 令和6年度分以後は課税方式の選択は不可

令和4年度税制改正により、令和6年度分以後は上場株式等に係る配当所得等における所得税と個人住民税の課税方式を一致させることになった（詳細は次頁**4**を参照）。

令和6年度分以後の個人住民税は、所得税の確定申告では令和5年分以後になることから、その前年である令和4年分までの所得税の確定申

告では事故事例と同様の誤りが発生する余地はあることになる。

(3) 令和4年度税制改正の効果

　所得税の確定申告の時期において、税理士へ申告依頼する個人投資家は、上場株式等の譲渡損が発生しているケースが大部分を占める。

　その個人投資家の申告内容は、その上場株式等の譲渡損を他の上場株式等の譲渡益との損益通算をした後、上場株式等の配当所得等と損益通算し、さらに控除しきれない譲渡損を翌年以降に繰り越す申告が多い。

　税理士は、上場株式等の譲渡損と上場株式等の配当所得等との損益通算・翌年以降への繰越しの手続に時間を割かれ、所得税と異なる課税方式による個人住民税の申告を失念することがあり得るため、令和3年度税制改正による個人住民税の申告手続が省略できる見直しは朗報といえた（すべての配当所得等の申告が省略できる訳ではないことに留意）。

　しかし、令和4年度税制改正では、所得税と個人住民税の課税方式が統一されることになったため、個人住民税の申告書提出失念というリスクが消滅し、その点では税理士が個人投資家から損害賠償請求を受けることはなくなることから、歓迎すべき見直しといえる。

　半面、個人投資家の立場からは、現行制度であれば、国民健康保険料等の負担を減らすことを目的として、個人住民税の申告不要という有利な選択が可能であったものが、今後はその有利な選択ができないことになる。

　税理士は、国民健康保険に加入している個人投資家に対し、令和6年度分以後の個人住民税について申告不要の選択が認められず、今後は国民健康保険等の負担増になることを早めに周知すべきである。

4　本制度の仕組み

(1) 平成15年度税制改正により申告不要制度の導入

　平成15年度以前の金融・証券税制は、個人投資家から「新証券税制が複雑で分かりにくい」・「税務当局に関わりたくない」等の不満があった。

　また、「貯蓄から投資へ」という政策課題への対応や簡素化が強く要請されていたことから、平成15年度改正により、上場会社等の配当・譲渡益等について一律20％（国税15％・地方税5％）の源泉徴収のみで納税が完了する仕組み（申告不要制度）が導入されたという背景がある。

　平成15年度税制改正により、個人投資家等の上場会社等の配当・譲渡益等については、源泉徴収のみで課税関係を完了させるか、又は、申告して配当控除や上場株式等に係る譲渡損失の繰越控除・各種の所得控除や税額控除の適用を受けることにより税負担を軽減するか、いずれかを選択できることになった。

(2)　所得税における上場株式等の配当等に係る申告分離課税制度

①　制度のあらまし

　上場株式等の配当等（一定の大口株主等が受けるものを除く）については、総合課税に代えて申告分離課税を選択することができ、申告分離課税の税率は、平成25年から令和19年の各年分の確定申告においては、20.315％（所得税及び復興特別所得税15.315％、地方税5％）の税率が適用される（措法8の4①）。

　上場株式等の配当等を申告する場合には、その申告する上場株式等の配当等の全額について、総合課税と申告分離課税のいずれかを選択することになる（措法8の4②）。

　なお、確定申告において上記のいずれかを選択した場合は、その後、修正申告や更正の請求において、その選択を変更することはできない。

②　配当控除の適用

　上記①により、申告分離課税を選択した上場株式等の配当所得については、配当控除の適用はない（措法8の4①）。

③　上場株式等に係る譲渡損失がある場合

　上場株式等に係る譲渡損失の金額がある場合又はその年の前年以前3年内の各年に生じた上場株式等に係る譲渡損失の金額のうち、前年以前で控除されていないものがある場合には、一定の要件の下、申告分離課

税を選択した上場株式等の配当所得等の金額から控除することができる（措法37の12の2）。

(3)　平成29年度税制改正の内容

　現行法においても、所得税と個人住民税とで異なる課税方式を選択することが許容されると考えられていたが、市町村が判断に迷うケースがあったことから、異なる課税方式を選択できることを明確化するため、所得税の確定申告書を提出した後、個人住民税の申告書を提出した場合における課税方式等の決定等についての規定が整備された。

総務省資料

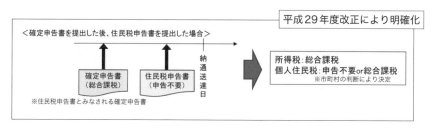

(4)　令和3年度税制改正の内容

①　個人住民税の手続が確定申告書の提出のみで完結

　個人住民税において、特定配当等に係る所得の全部について源泉分離課税（申告不要）とする場合に、原則として、所得税の確定申告書の提出のみで申告手続が完結できるように、所得税の確定申告書における個人住民税に係る附記事項が追加され、令和3年分以後の所得税の確定申告書を令和4年1月1日以後に提出する場合について適用されることになった。

　次頁図表は、令和2年分の所得税の確定申告書と令和3年分・所得税の確定申告書の第二表のうち「住民税」欄を抜粋したものである。

　令和3年分・所得税の確定申告書には、「特定配当等の全部の申告不要」欄が新設されていて、この欄に「○」を付せば、個人住民税の申告をしなくても、申告不要の申告をしたものとみなされることになった。

令和２年分・確定申告書から抜粋

○住民税に関する事項

住民税	非上場株式の少額配当等を含む配当所得の金額	非居住者	配当割額控除額	給与、公的年金等以外の所得に係る住民税の徴収方法		都道府県、市区町村への寄附（特例控除対象）	共同募金、日赤その他の寄附	都道府県条例指定寄附	市区町村条例指定寄附
				特別徴収	自分で納付				
	円	円	円			円	円	円	円

令和３年分・確定申告書から抜粋

○住民税に関する事項　　　　　令和３年分から追加されている

住民税	非上場株式の少額配当等	非居住者の特例	配当割額控除額	特定配当等の全部の申告不要	給与、公的年金等以外の所得に係る住民税の徴収方法		都道府県、市区町村への寄附（特例控除対象）	共同募金、日赤その他の寄附	都道府県条例指定寄附	市区町村条例指定寄附
					特別徴収	自分で納付				
	円	円	円				円	円	円	円

②　個人住民税の課税方式の選択に係る所要の措置

　個人住民税配当割の課税標準である特定上場株式等の配当等（措法8の4②）については、所得税・個人住民税ともに(イ)総合課税、(ロ)申告不要（源泉徴収のみ）、(ハ)申告分離課税のいずれかを選択できることとされているが、所得税の確定申告書が提出されている場合であっても、その後に個人住民税の申告書が提出された場合には、後者の申告書に記載された事項を基に課税できること等を明確化するための改正が行われた（地法32⑬、313⑬、地法附則33の2②⑥）。

⑸　令和３年度税制改正の効果

　毎年３月の所得税の確定申告の時期において、税理士は、上場株式等の配当所得等と譲渡損との通算・翌年以降への繰り越しの手続に追われ、本件事例のように個人住民税の手続を失念することがあり得た。

　一方、社会保険に加入していない個人投資家にとっては、所得税・個人住民税だけでなく、個人住民税と連動して負担額が決まる国民健康保険料の金額も関心の高いものであることから、個人投資家と税理士によるトラブルも発生しがちな事柄であった。

　令和３年度税制改正では、個人住民税の手続が所得税の確定申告書の提出のみで完結することになったため、配当等の全部を申告不要とする

場合であれば、所得税の確定申告書に個人住民税の手続について記載を失念しない限り、今後は本件事例のようなケースが発生しないことになった。

(6) 令和4年度税制改正による課税方式の統一

個人住民税において、配当所得等に係る所得の課税方式を所得税と一致させることになり、改正に伴い個人住民税において、上場株式等に係る譲渡損失の損益通算及び繰越控除の適用要件が所得税と一致するよう規定等の整備が行われることになった。

課税方式を一致させることとした理由として、自民党税制調査会資料では「金融所得課税は、所得税と個人住民税が一体として設計されてきたことなどを踏まえ、公平性の観点から、所得税と個人住民税の課税方式を一致させることとした」と説明されている。

なお、上記の改正は、令和6年度分以後の個人住民税について適用される。

自民党税制調査会資料を一部修正

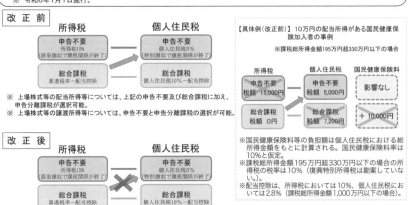

5　本制度の留意点

　下記の事故事例も、個人住民税に関するものである。

　タイトルは「特定口座における源泉徴収選択の助言誤りにより過大納付住民税額が発生した事例」となっており、依頼者が出国する年分は特定口座について源泉徴収及び特別徴収なしを選択すべきことを助言していれば個人住民税は課税されなかったことから、税理士は依頼者から損害賠償請求を受けたケースである。

　実務では、今後も同様のケースがあり得る内容であることから参照いただきたい。

(1)　事故の概要

　税理士は、依頼者から翌年に出国することを前提として特定口座内で株式等を譲渡した場合の所得税及び住民税の取扱いについて質問を受け、損益通算を行うことで特定口座内において源泉徴収及び特別徴収された所得税及び住民税について還付を受けることができる旨の回答をしたが、その回答が誤っており、結果として還付を受けることができないことが発覚した。

　税理士は出国する年分は特定口座について源泉徴収及び特別徴収なしを選択すべきことを助言していれば、この特別徴収された住民税は課税されなかったことから、税理士は依頼者から損害賠償請求を受けた。

(2)　事故発覚の経緯

　所得税申告後、住民税の還付の入金がないことから依頼者が地方行政機関に確認したところ、特別徴収された住民税の還付を受けることができない旨が発覚した。

(3)　事故の原因

　非居住者となる年において特定口座内で特別徴収なしを選択すると、国内に住所が無いことからその翌年の1月1日時点において住民税の納税義務が生じず、特定口座内の所得について住民税は課税されない。

　一方で、非居住者となる年において特定口座内で特別徴収ありを選択すると、所得税において損益通算の還付申告をおこなったとしても住民税の還付申告をすることができず、特別徴収された住民税の還付をうけ

ることができない。

　税理士は源泉徴収及び特別徴収ありを選択しても還付可能と誤認しており、その助言に従って依頼者は特定口座の源泉徴収及び特別徴収ありを選択してしまった。

⑷　税賠保険における判断

　非居住者となった年中に特定口座内で特別徴収された住民税は、所得税において損益通算の申告を行ったとしてもその還付を受けることができないが、税理士の助言により本来課税されない住民税額が課税されたことから、税理士に責任ありとされた。

　特定口座においてどのような手続をとれば税務上効果的か等の相談は、課税要件の事実発生前に行う税務にかかわる指導・助言に該当することから、発生した過大納付住民税額等は事前税務相談業務担保特約の保険金支払対象となった。

⑸　支払保険金

　過大納付住民税額等約300万円を認容損害額とし、免責金額30万円を控除した270万円が保険金として支払われた。

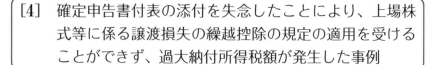

2　譲渡所得税の保険事故事例

> [4]　確定申告書付表の添付を失念したことにより、上場株
> 式等に係る譲渡損失の繰越控除の規定の適用を受ける
> ことができず、過大納付所得税額が発生した事例

1　事故事例

　譲渡所得税の事故事例のうち、最も事故が多い「上場株式等の譲渡損失」に関連する項目であるが、事故が多いということは個人投資家からの申告依頼も多数あるということになる。

　なお、本件事例は、「税理士職業賠償責任保険事故事例（2020年7月1日～2021年6月30日）株式会社日税連保険サービス」から抜粋し引用している。

(1)　事故の概要

　税理士は、依頼者の平成30年分所得税の確定申告より関与を開始した。税理士は、依頼者が平成29年分の確定申告に確定申告書付表（上場株式等に係る譲渡損失の損益通算及び繰越控除用）を添付しており、平成30年分以後、上場株式等に係る譲渡損失の繰越額があることを認識していた。

　しかしながら、税理士は平成30年分及び令和元年分の確定申告に際し、確定申告書付表の添付を失念した。その結果、平成30年分及び令和元年分の確定申告に際し、上場株式等に係る譲渡損失の繰越控除の規定の適用を受けることができず、平成30年分及び令和元年分の過大納付所得税及び住民税が発生し、税理士は依頼者から損害賠償請求を受けた。

(2)　事故発覚の経緯

　依頼者から上場株式等に係る譲渡損失の繰越控除の規定の適用を受け

られたのではないかとの指摘を受け、税理士が確認したところ、適用を
失念していたことが発覚した。

(3) 事故の原因

　税理士は、平成30年分以後、上場株式等に係る譲渡損失の繰越額が
あることを認識していたが、平成30年分及び令和元年分の確定申告に
際し、確定申告書付表の添付を失念したため。

(4) 税賠保険における判断

　税理士が過去の申告内容を確認し、毎年の確定申告書に確定申告書付
表を添付していれば、損害は発生しなかったと考えられるため、本件確
定申告に際して上場株式等に係る譲渡損失の繰越控除の規定の適用を受
けることができなかったことは、税理士に責任ありと判断された。

(5) 支払保険金

　平成30年分及び令和元年分の確定申告に係る過大納付所得税額等約
270万円を認容損害額とし、免責金額30万円を控除した約240万円が保
険金として支払われた。

2　事故事例の要因

(1) 上場株式等に係る譲渡損失の繰越控除

　上場株式等に係る譲渡損失の金額については、一定の要件を満たす場
合に限りその譲渡損失の金額が生じた年の翌年以後3年間にわたって上
場株式等に係る譲渡所得等の金額及び上場株式等に係る配当所得等の金
額から繰越控除できる（一般株式等に係る譲渡所得等の金額から繰越控
除することはできない）。

　この控除をするためには、上場株式等に係る譲渡損失の金額が生じた
年分の所得税について一定の書類を添付した確定申告書を提出するとと
もに、その後の年において、連続して一定の書類を添付した確定申告書

を提出する必要がある（措法37の11）。

国税庁資料

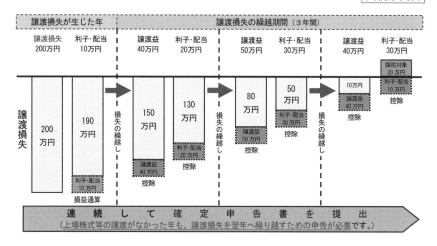

連続して確定申告書を提出
（上場株式等の譲渡がなかった年も、譲渡損失を翌年へ繰り越すための申告が必要です。）

(2) 繰越控除の適用を受けるための手続

繰越控除の適用を受けるためには、次の手続が必要となる（措法37の12の2⑦⑪、措令25の11の2⑪、措規18の14の2②〜⑤）。

① 譲渡損失が生じた年

譲渡損失が生じた年において、上場株式等に係る譲渡損失と上場株式等に係る配当所得等との損益通算を受ける場合には、次の手続が必要である。

イ　損益通算の規定の適用を受けようとする年分の確定申告書に、本規定の適用を受けようとする旨を記載すること。

ロ　「所得税及び復興特別所得税の確定申告書付表（上場株式等に係る譲渡損失の損益通算及び繰越控除用）」（参考資料1）及び「株式等に係る譲渡所得等の金額の計算明細書」（参考資料2）の添付がある確定申告書を提出すること。

② 上記①の翌年以後の手続

上記①により控除しきれない譲渡損失の金額があり、翌年以後にその譲渡損失の金額を繰り越す場合には、次の手続が必要である。

イ　上場株式等に係る譲渡損失の金額が生じた年分の所得税等につき、「所得税及び復興特別所得税の確定申告書付表（上場株式等に係る譲渡損失の損益通算及び繰越控除用）」（参考資料1）及び「株式等に係る譲渡所得等の金額の計算明細書」（参考資料2）の添付がある確定申告書を提出すること。

ロ　その後の年において連続して「所得税及び復興特別所得税の確定申告書付表（上場株式等に係る譲渡損失の損益通算及び繰越控除用）」（参考資料1）の添付のある確定申告書を提出すること。

　　上場株式等の譲渡がなかった年についても、譲渡損失を翌年へ繰り越すための申告が必要になる。

ハ　この繰越控除を受けようとする年分の所得税等につき、「所得税及び復興特別所得税の確定申告書付表（上場株式等に係る譲渡損失の損益通算及び繰越控除用）」（参考資料1）及び一般株式等に係る譲渡所得等の金額又は上場株式等に係る譲渡所得等の金額がある場合には「株式等に係る譲渡所得等の金額の計算明細書」（参考資料2）の添付のある確定申告書を提出すること。

⑶　繰越控除の適用を受けるための手続を失念した場合

　上場株式等に係る譲渡損失の金額について、その譲渡損失の金額が生じた年の翌年以後3年間にわたって繰越控除するためには、前頁⑵①の「譲渡損失が生じた年」及び前頁②の「①の翌年以後の手続」を行う必要があった。

　しかし、事故事例はその手続を失念したため、上場株式等に係る譲渡損失について繰越控除の適用が認められなかったものである。

3 事故事例からの教訓（落とし穴）

> ・上場株式等に係る譲渡損失の繰越控除の適用を受けるためには確
> 定申告書付表の添付が必要である。
> ・譲渡損失を翌年へ繰り越すためには上場株式等の譲渡がない年も
> 確定申告書付表の添付申告が必要である。

⑴ 確定申告書付表の添付を失念

　本件事例は、下表のように、平成30年分及び令和元年分の確定申告
に際し、確定申告書付表の添付があれば上場株式等に係る譲渡損失の繰
越額の控除が認められるにもかかわらず、確定申告書付表の添付を失念
したため、その控除が認められなかった事故である。

平成29年分	平成30年分	令和元年分
確定申告書付表の添付あり	確定申告書付表の添付なし	確定申告書付表の添付なし

　前記１⑴事故の概要には、「税理士は、依頼者が平成29年分の確定申
告に確定申告書付表を添付しており、平成30年分以後、上場株式等に
係る譲渡損失の繰越額があることを認識していた。」との記述はあるが、
なぜ確定申告書付表の添付を失念したかについては記述がないことか
ら、失念に至る経過は不明である。

　税理士が確定申告時期に個人投資家から申告依頼を受けるもののう
ち、大部分は上場株式等の譲渡損が発生しているケースと想定されるが、
限られた期間内で膨大な申告手続を行うことから、その手続の一部に誤
りがあったものとの推測もできる。

　最も多忙な時期に、個人投資家の確定申告手続を的確に処理するため
には、上場株式等の譲渡損失が発生している申告依頼が多数あることを
想定して、「上場株式等の譲渡損失の繰越控除に係るチェックリスト」
等を事前に作成してミス防止に努めることも一考である。

⑵ 譲渡損失を翌年へ繰り越すためには上場株式等の譲渡がない年も
　付表の添付が必要

　本件事例以外に、実務上において誤りの多い事例として下表のような
ケースがある。

　たとえば、令和元年分で損益通算後の上場株式等の譲渡損失100万円
について繰越控除を受けるため、「所得税及び復興特別所得税の確定申
告書付表（上場株式等に係る譲渡損失の損益通算及び繰越控除用）」（参
考資料1）などの確定申告書付表を添付した確定申告書の提出をして、
令和2年分では上場株式等の譲渡益30万円があったことから、令和元年
分から繰り越された譲渡損失（▲100万円）から差し引き、翌年以後に
繰り越される譲渡損失（▲70万円）について、確定申告書付表を添付
した確定申告書を提出したものとする。

　令和3年分では上場株式等の譲渡がなかったとしても、譲渡損失（▲
70万円）を令和4年分に繰り越すためには、令和3年分の確定申告書に
令和4年分へ繰り越すために確定申告書付表の添付が必要になるにもか
かわらず、令和3年分は上場株式等の譲渡がなかったため、譲渡損失（▲
70万円）を令和4年分に繰り越すために必要な確定申告書付表の添付を
失念してしまうケースである。

　その添付がなければ、令和4年分で上場株式等の譲渡益50万円があっ
ても譲渡損失（▲70万円）は差し引くことができないことになる。

　本件事例だけでなく、下表の令和3年分のように上場株式等の譲渡が
なかった年分についても、前年分の確定申告書を見直し翌年に繰り越し
できる譲渡損失の有無を確認する必要がある。

令和元年分	令和2年分	令和3年分	令和4年分
上場株式等の譲渡損失 ▲100万円	上場株式等の譲渡益 30万円	上場株式等の取引なし	上場株式等の譲渡益 50万円
付表の添付あり	譲渡損失の繰越 ▲70万円 付表の添付あり	付表の添付あり──▶ 付表の添付なし──▶	繰越控除の適用あり 繰越控除の適用なし

4 本規定の仕組み及び留意点

⑴ 本規定のあらまし

　個人が、上場株式等を金融商品取引業者等を通じて譲渡したこと等により生じた譲渡損失の金額がある場合は、確定申告により、その年分の上場株式等の配当所得等の金額（上場株式等に係る配当所得については、申告分離課税を選択したものに限る）と損益通算ができる（措法37の12の2①）。

　また、損益通算してもなお控除しきれない損失の金額については、翌年以後3年間にわたり、確定申告により、上場株式等に係る譲渡所得等の金額及び上場株式等に係る配当所得等の金額から繰越控除することができる。

⑵ 一般株式等に係る譲渡所得等の金額は対象外

　上場株式等に係る譲渡損失の金額は、一般株式等に係る譲渡所得等の金額から控除することはできない（措法37の12の2①）。

　令和2年分以前の各年分において生じた上場株式等に係る譲渡損失の金額で令和3年分に繰り越されたものについては、令和3年分における上場株式等に係る譲渡所得等の金額及び上場株式等に係る配当所得等の金額から繰越控除することはできるが、一般株式等に係る譲渡所得等の金額から繰越控除することはできない。

⑶ 上場株式等に係る譲渡損失の繰越控除の順序

　上場株式等に係る譲渡損失の繰越控除については、まず上場株式等に係る譲渡所得等の金額から控除し、なお控除しきれない損失の金額があるときは、上場株式等に係る配当所得等の金額から控除する（措令25の11の2⑧）。

　繰越控除については、例えば令和元年以降の年分に生じた上場株式等に係る譲渡損失の金額で令和4年分に繰り越されているものが、令和4年分の上場株式等に係る譲渡所得等の金額及び上場株式等に係る配当所得等の金額から控除することができる。

（参考資料1）

	一連番号		1 面

令和＿＿年分の 所得税及び復興特別所得税 の確定申告書付表（上場株式等に係る譲渡損失の損益通算及び繰越控除用）

受付印

住 所 又 は 事業所 事務所 居所など		フリガナ	
		氏 名	

○ この付表は、申告書と一緒に提出してください。

この付表は、租税特別措置法第37条の12の2（上場株式等に係る譲渡損失の損益通算及び繰越控除）の規定の適用を受ける方が、本年分の上場株式等に係る譲渡損失の金額を同年分の上場株式等に係る配当所得等の金額（特定上場株式等の配当等に係る配当所得に係る部分については、分離課税を選択したものに限ります。以下「分離課税配当所得等金額」といいます。）の計算上控除（損益通算）するため、又は3年前の年分以後の上場株式等に係る譲渡損失の金額を本年分の上場株式等に係る譲渡所得等の金額及び分離課税配当所得等金額の計算上控除するため、若しくは翌年以後に繰り越すために使用するものです。

○ 本年分において、「上場株式等に係る譲渡所得等の金額」がある方は、この付表を作成する前に、まず「株式等に係る譲渡所得等の金額の計算明細書」の作成をしてください。

1 本年分の上場株式等に係る譲渡損失の金額及び分離課税配当所得等金額の計算

（赤字の金額は、△を付けないで書きます。2面の2も同じです。）

○ 「①上場株式等に係る譲渡所得等の金額」が黒字の場合又は「②上場株式等に係る譲渡損失の金額」がない場合には、(1)の記載は要しません。また、「④本年分の損益通算前の分離課税配当所得等金額」がない場合には、(2)の記載は要しません。

(1) 本年分の損益通算前の上場株式等に係る譲渡損失の金額

		円
上場株式等に係る譲渡所得等の金額（「株式等に係る譲渡所得等の金額の計算明細書」の1面の「上場株式等」の①欄の金額）	①	
上場株式等に係る譲渡損失の金額（※）（「株式等に係る譲渡所得等の金額の計算明細書」の1面の「上場株式等」の⑨欄の金額）	②	

2 面 （確定申告書付表）

2 翌年以後に繰り越される上場株式等に係る譲渡損失の金額の計算

譲渡損失の生じた年分	前年から繰り越された上場株式等に係る譲渡損失の金額	本年分で差し引く上場株式等に係る譲渡損失の金額（※1）	本年分で差し引くことのできなかった上場株式等に係る譲渡損失の金額
本年の3年前分（平成令和＿＿年分）	Ⓐ（前年分の付表の⑦欄の金額） 円	Ⓓ（上場株式等に係る譲渡所得等の金額から差し引く部分） 円 Ⓔ（分離課税配当所得等金額から差し引く部分）	本年の3年前分の譲渡損失の金額を翌年以後に繰り越すことはできません。
本年の2年前分（平成令和＿＿年分）	Ⓑ（前年分の付表の⑧欄の金額）	Ⓕ（上場株式等に係る譲渡所得等の金額から差し引く部分） Ⓖ（分離課税配当所得等金額から差し引く部分）	⑦（Ⓑ－Ⓕ－Ⓖ） 円
本年の前年分（平成令和＿＿年分）	Ⓒ（前年分の付表の⑤欄の金額）	Ⓗ（上場株式等に係る譲渡所得等の金額から差し引く部分） Ⓘ（分離課税配当所得等金額から差し引く部分）	⑧（Ⓒ－Ⓗ－Ⓘ）

（注）その年の翌年以後に繰り越すための申告が必要です。（1面の⑤欄及び2面の⑦欄、⑧欄の金額は、翌年の確定申告書の1面の⑤欄及び2面の⑦欄、⑧欄の金額）

（参考資料２）

株式等に係る譲渡所得等の金額の計算明細書

【令和＿＿＿年分】

整理番号

この明細書は、「一般株式等に係る譲渡所得等の金額」又は「上場株式等に係る譲渡所得等の金額」を計算する場合に使用するものです。
なお、国税庁ホームページ【https://www.nta.go.jp】の「確定申告書等作成コーナー」の画面の案内に従って収入金額などの必要項目を入力することにより、この明細書や確定申告書などを作成することができます。

| 住　所
（前住所） | （　　　　　　　　　　　　） | フリガナ
氏　名 | |
| 電話番号
（連絡先） | | 職業 | 関与税理士名
（電話） | （　　　　　　　　　） |

※　譲渡した年の１月１日以後に転居された方は、前住所も記載してください。

1　所得金額の計算

			一　般　株　式　等	上　場　株　式　等
収入金額	譲 渡 に よ る 収 入 金 額	①	円	円
	そ　の　他　の　収　入	②		
	小　　　　計（①＋②）	③	申告書第三表⑦へ	申告書第三表⑦へ

2　申告する特定口座の上場株式等に係る譲渡所得等の金額の合計

口座の 区　分	取　引　先 （金融商品取引業者等）		譲渡の対価の額 （収 入 金 額）	取得費及び 譲渡に要した 費用の額等	差 引 金 額 （譲渡所得等の金額）	源泉徴収税額
源泉口座 ・ 簡易口座	証券会社 銀　行 （　　　）	本　店 支　店 出張所 （　　　）	円	円	円	円
源泉口座 ・ 簡易口座	証券会社 銀　行 （　　　）	本　店 支　店 出張所 （　　　）				
源泉口座 ・ 簡易口座	証券会社 銀　行 （　　　）	本　店 支　店 出張所 （　　　）				
源泉口座 ・ 簡易口座	証券会社 銀　行 （　　　）	本　店 支　店 出張所 （　　　）				
源泉口座 ・ 簡易口座	証券会社 銀　行 （　　　）	本　店 支　店 出張所 （　　　）				
合　　計（上場株式等（特定口座））			1面①へ	1面④へ		申告書第二表「所得の内訳」欄へ

「上場株式等」の⑪欄の金額が赤字の場合で、譲渡損失の損益通算及び繰越控

> **[5]** 被相続人の居住用財産（空き家）を譲渡した場合の
> 3,000万円の特別控除の適用を失念したことにより、
> 過大納付所得税額が発生した事例

1 事故事例

　空き家に係る譲渡所得の特例（以下、「本特例」という）は、平成28年度税制改正により空き家対策として創設された制度であり、令和元年度税制改正で適用期限が令和5年末まで延長されるとともに、「被相続人居住用家屋の要件」が緩和された経緯があり、譲渡所得の特例のうち、納税者から適用の可否について事前相談が多い制度である。

(1) 事故の概要

　税理士は、依頼者の令和元年分の所得税につき、相続により取得した被相続人の居住用財産（空き家）を譲渡した場合の3,000万円の特別控除の適用を受けるべく、譲渡価額を1億円以下に抑えるように助言していたが、譲渡契約が9,990万円で締結される旨の連絡を受けた際、適切な助言を怠ったため、譲渡対価9,990万円と固定資産税精算金約15万円により譲渡価額が1億円を超えてしまい、適用が受けられなくなってしまった。

　これにより発生した過大納付所得税額等について、税理士は依頼者から損害賠償請求を受けた。

(2) 事故発覚の経緯

　税理士が依頼者の譲渡所得申告書の準備をしていた際に、譲渡価額が1億円を超えていることに気付き事故が発覚した。

(3) 事故の原因

　仲介する不動産会社から9,990万円の申込みがあった旨の連絡をメールで受けた際、その確認を怠り、その場に応じた適切な助言ができなかったため。

(4) 税賠保険における判断

依頼者は、平成29年6月に発生した相続により取得した被相続人の居住用財産を譲渡する旨を事前に相談していたが、結果として譲渡対価の上限を10万円上回る9,990万円で契約が締結されてしまった。

売買代金が上限を上回る金額である旨の連絡を受けた時点で、適切な助言をしていれば、譲渡価額を1億円以下に抑えることで、前記特別控除を適用することができたことから、税理士に責任ありとされた。

譲渡価額をいくらにすれば税務上効果的か等の相談は、課税要件の事実発生前に行う税務にかかわる指導・助言に該当することから、発生した過大納付所得税額等は事前税務相談業務担保特約の保険金支払対象となった。

(5) 支払保険金

過大納付所得税額等約1,200万円より10万円高く売却できたことによる譲渡収入の増加額等に係る回復額約15万円を差し引いた約1,185万円を認容損害額とし、免責金額30万円を控除した1,155万円が保険金として支払われた。

2 事故事例の要因

(1) 未経過固定資産税等

未経過固定資産税等（前記1(1)事故の概要の「固定資産税精算金」を指す）とは、譲渡した土地及び家屋にはその年度分の固定資産税及び都市計画税が課されているが、売買契約で譲渡日からその年の年末までの期間に係る固定資産税等に相当する額をいい、通常は、売主と買主の合意を前提として買主が支払うことが多い。

買主が未経過固定資産税等を売主に支払った場合、売主が受け取った未経過固定資産税等に相当する額は、「譲渡所得の計算上、収入金額に算入することになるのか」という疑問が生じる。

(2) 国税庁の質疑応答事例

国税庁の質疑応答事例では、「未経過固定資産税等に相当する額の支払を受けた場合」というタイトルで、未経過固定資産税等に相当する額を買主が売主へ支払う場合において、受け取った未経過固定資産税等に相当する額は「譲渡所得の収入金額に算入される」とする次の【回答要旨】がある（所法33・36）。

【回答要旨】

支払を受けた未経過固定資産税等に相当する額は、譲渡所得の収入金額に算入されます。

……固定資産税等の賦課期日とは異なる日をもって土地建物の売買契約を締結するに際し、買主が売主に対し、売主が納税義務を負担する固定資産税等の税額のうち未経過固定資産税等に相当する額を支払うことを合意した場合、この合意は、土地及び家屋の売買契約を締結するに際し、売主が1年を単位として納税義務を負う固定資産税等につき、買主がこれを負担することなくその土地及び家屋を所有する期間があるという状況を調整するために個々的に行われるものであると考えられます。

このことからすれば、支払を受けた未経過固定資産税等に相当する額は、実質的にはその土地及び家屋の譲渡の対価の一部を成すものと解するのが相当と考えられます。

---

(3) 未経過固定資産税等に対する消費税の取扱い

消費税においても、未経過固定資産税等は地方公共団体に対して納付すべき固定資産税等そのものではなく、私人間で行う利益調整のための金銭の授受であり、不動産の譲渡対価の一部を構成するもの（対価として収受し、又は収受すべき一切の金銭）として課税対象となる（消基通10−1−6）。

3　事故事例からの教訓（落とし穴）

> ・譲渡対価には、受領した未経過固定資産税等も含める。
> ・譲渡対価１億円の判定は、本特例の適用を受けて譲渡した日から
> 　３年を経過する日の属する年の12月31日までの間に分割して譲
> 　渡した部分や他の相続人が譲渡した部分も含めて行う。

⑴　譲渡対価には受領した未経過固定資産税等も含める

　不動産の譲渡契約において、売主が未経過固定資産税等を受け取った場合には、その未経過固定資産税等も譲渡対価を構成することを認識する必要があるが、本特例の場合にも同様に取り扱われる。

　本特例は、譲渡対価が1億円以下という要件があり、売主が未経過固定資産税等を受け取った場合には、その未経過固定資産税等も含めて譲渡対価が1億円以下であるか判定を行うことに留意しなければならない。

　しかし、未経過固定資産税等の支払いは義務ではなく、不動産譲渡の際に当事者の合意に基づき買主が売主に支払うものであり、地域によっては未経過固定資産税等の支払いが行われないこともある。

　したがって、売買契約書により未経過固定資産税等の支払いの有無を確認する必要があり、支払いが行われている場合には、譲渡契約書の末尾に支払明細が記載されていることが一般的である。

⑵　譲渡対価１億円の判定

　本件事例を含めた本特例は、相続の時から被相続人居住用家屋又は被相続人居住用家屋の敷地等を譲渡した年までの譲渡対価の合計額が、上記⑴により未経過固定資産税等を含め1億円以下でなければ要件を満たさないことになる。

　したがって、被相続人居住用家屋又は被相続人居住用家屋の敷地等を譲渡した日から3年を経過する日の属する年の12月31日までに、本特

例の適用を受けた被相続人居住用家屋又は被相続人居住用家屋の敷地等の残りの部分を自分や他の相続人が譲渡して譲渡対価の合計額が1億円を超えたときには、その譲渡の日から4ヶ月以内に修正申告書の提出と納税が必要になる。

国税庁資料

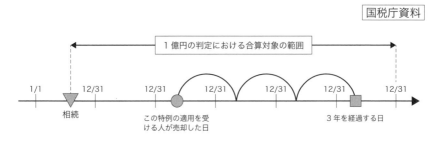

4　本特例の仕組み

　本特例は、相続等により取得した被相続人居住用家屋又は被相続人居住用家屋の敷地等を平成28年4月1日から令和5年12月31日までの間に譲渡して、一定の要件に当てはまるときは、譲渡所得の金額から最高3,000万円まで控除することができる制度である（措法35③）。

国土交通省資料

○**本措置のイメージ**

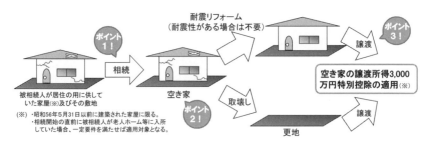

⑴　本特例の対象となる「被相続人居住用家屋」

　「被相続人居住用家屋」とは、相続開始の直前において被相続人の居住の用に供されていた家屋で、次のすべての要件に該当するもの（主として被相続人の居住の用に供されていた一の建築物に限る）をいう。

① 昭和56年5月31日以前に建築されたこと。

② 区分所有建物登記がされている建物でないこと。

③ 相続開始の直前において被相続人以外に居住をしていた者がいなかったこと。

(2) 本特例の対象となる「被相続人居住用家屋の敷地等」

「被相続人居住用家屋の敷地等」とは、相続開始の直前において被相続人居住用家屋の敷地の用に供されていた土地又はその土地の上に存する権利をいう。

(3) 本特例の適用を受けるための主な要件

本特例の適用を受けるための主な要件は、次のとおりである。

① 譲渡者が、相続等により被相続人居住用家屋及び被相続人居住用家屋の敷地等を取得したこと。

② 次のイ又はロの譲渡をしたこと。

　イ　相続等により取得した被相続人居住用家屋を譲渡するか、被相続人居住用家屋とともに被相続人居住用家屋の敷地等を譲渡すること。

　ロ　相続等により取得した被相続人居住用家屋の全部の取壊し等をした後に被相続人居住用家屋の敷地等を譲渡すること。

③ 相続開始があった日から3年を経過する日の属する年の12月31日までに譲渡すること。

④ 譲渡対価が1億円以下であること。

　本特例の適用を受ける被相続人居住用家屋と一体として利用していた部分を別途分割して譲渡している場合や他の相続人が譲渡している場合における1億円以下であるかどうかの判定は、相続の時から本特例の適用を受けて被相続人居住用家屋又は被相続人居住用家屋の敷地等を譲渡した日から3年を経過する日の属する年の12月31日までの間に分割して譲渡した部分や他の相続人が譲渡した部

分も含めた譲渡対価により行う。

5 本特例の留意点

(1) 被相続人居住用家屋の敷地等の範囲

被相続人居住用家屋の敷地等とは、その相続開始の直前においてその被相続人居住用家屋の敷地の用に供されていた土地又は土地の上に存する権利をいうことから（措法35④）、相続開始の直前において、被相続人居住用家屋の敷地等が用途上不可分の関係にある二以上の建築物のある一団の土地であった場合には、本特例の対象となる範囲は、次の算式により計算した面積に係る土地の部分に限られる（措令23⑦）。

本特例の対象となる被相続人居住用家屋の敷地等の面積 $= A \times \dfrac{B}{B + C}$

A：一団の土地の面積

B：相続開始の直前における一団の土地にあった被相続人が主として居住の用に供していた家屋の床面積

C：相続開始の直前における一団の土地にあったB以外の建築物の床面積

したがって、被相続人が主として居住の用に供していた母屋とは別の建築物である離れ・別棟の倉庫・蔵・車庫などがある場合には、たとえその離れ・別棟の倉庫・蔵・車庫などをその母屋と一体として居住の用に供していたときであっても、その母屋部分のみが本特例の対象となる被相続人居住用家屋に該当することになる（措通35-13）。

(2) 上記(1)の具体的な計算例

相続人は、令和2年に相続した家屋及びその敷地について、令和4年に家屋（母屋）及び離れを壊し、更地にした後、第三者に譲渡したが（本特例の適用あり）、譲渡所得の計算はどのように行うのか。

なお、譲渡価額等の金額は、次のとおりとする。

・譲渡価額　　4,000万円　　・取得費　　　200万円（譲渡価額の5％）

・取り壊し費用　300万円　　・仲介料　　　120万円

・その他の費用　20万円　　・敷地に係る相続税額　500万円

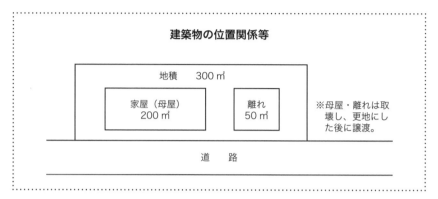

譲渡所得金額の計算は、次のように行う。

イ　一団の土地の面積　　　　　　300㎡

ロ　被相続人居住用家屋の面積　　200㎡

ハ　上記以外の離れの面積　　　　50㎡

ニ　被相続人居住用家屋の敷地等に相当する部分　　　$300㎡ × \dfrac{200㎡}{200㎡ + 50㎡} = 240㎡$

ホ　被相続人居住用家屋の敷地等に該当する部分　　　$3,360万円(d) × \dfrac{240㎡}{300㎡} = 2,688万円(e)$

ヘ　上記以外の部分　　　　　$3,360万円(d) - 2,688万円 = 672万円(e)$

ト　取得費加算額（上記以外の部分）　　　$500万円 × (60㎡ ÷ 300㎡) = 100万円(g)$

	合　計	被相続人居住用家屋の敷地等（適用対象）	左記以外の敷地等（適用対象外）
a　譲渡価額	4,000万円	4,000万円	
b　取得費	200万円	200万円	
c　譲渡費用	440万円	440万円	
d　差引金額（a−（b＋c））	3,360万円	3,360万円	
e　被相続人居住用家屋の敷地等に該当する部分の按分後の金額		2,688万円	672万円
f　特別控除額（最高3,000万円が限度）	2,688万円	2,688万円	
g　取得費加算額	100万円		100万円
h　譲渡所得金額	572万円	0万円	572万円

(3) 本特例の令和元年度税制改正による見直し

　本特例は、適用対象となる被相続人居住用家屋及び被相続人居住用家屋の敷地等の範囲に、被相続人の居住の用に供することができない一定の事由により（次頁の①に該当すること）、相続開始の直前においてその被相続人の居住の用に供されていなかった場合（次頁の②に該当すること）におけるその特定事由により居住の用に供されなくなる直前にその被相続人の居住の用に供されていた家屋及びその家屋の敷地の用に供されていた土地等が追加された（措法35③〜⑤）。

財務省資料

① 特定事由とは

「特定事由」とは、次に掲げる事由をいう（措令23⑥、措規18の2③）。

イ 介護保険法に規定する要介護認定等を受けていた被相続人その他
これに類する被相続人が、㈠老人福祉法に規定する認知症対応型老
人共同生活援助事業が行われる住居・養護老人ホーム、特別養護老
人ホーム、軽費老人ホーム又は有料老人ホーム、㈡介護保険法に規
定する介護老人保健施設又は介護医療院、㈢高齢者の居住の安定確
保に関する法律に規定するサービス付き高齢者向け住宅（（イ）の有料
老人ホームを除く）に入居又は入所をしていたこと。

ロ 障害者の日常生活及び社会生活を総合的に支援するための法律に
規定する障害支援区分の認定を受けていた被相続人が、同法に規定
する障害者支援施設又は共同生活援助を行う住居に入所又は入居を
していたこと。

② 「一定の要件」とは、

「一定の要件」とは、上記①の特定事由により被相続人居住用家屋が
被相続人の居住の用に供されなくなった時から相続開始の直前まで、引
き続きその被相続人居住用家屋が被相続人の物品の保管その他の用に供
されていたこと、かつ、事業の用・貸付けの用又は被相続人以外の者の
居住の用に供されていたことがないこと、老人ホーム等に入所をした時
から相続開始の直前までの間において、被相続人が主としてその居住の
用に供していたと認められる家屋がその老人ホーム等であることをいう
（措令23⑦）。

> **[6]** 居住用財産の買換え等の場合の譲渡損失の損益通算及
> び繰越控除の特例の適用を失念したことにより、過大
> 納付所得税額が発生した事例

1 事故事例

　譲渡所得税の事故事例のうち、居住用財産の買換え等の場合の譲渡損失の損益通算及び繰越控除の特例は、適用期限が令和3年末日までの制度であったが、令和3年度税制改正でその適用期限が2年間延長され令和5年末までとなっている。

(1) 事故の概要

　平成27年10月、税理士は依頼者より自宅購入の報告を受けたが、居住用財産の買換え等の場合の譲渡損失の損益通算及び繰越控除の特例（以下、「本特例」という）の内容や取扱いの説明を怠り、依頼者に対して何の提案も行わなかったため、その後の平成29年に依頼者は旧自宅を譲渡した。

　平成30年3月、税理士は本特例を適用した平成29年分所得税確定申告書を提出したが、買換取得資産が平成27年中に取得されているため、本特例の適用は受けられない旨の連絡を受けた。

　その後、税理士は依頼者に報告したところ損害賠償請求を受けた。

(2) 事故発覚の経緯

　平成30年5月に税務署より、本特例の適用が受けられない旨の連絡を受けて発覚した。

(3) 事故の原因

　税理士が依頼者から自宅居住用マンションを購入したことの報告を受けた際に、自宅譲渡についての検討や相談を怠ったため。

　その結果、依頼者は本特例の適用が受けられない時期に自宅を譲渡した。

⑷　税賠保険における判断

　税理士が報告を受けた際に正しい説明を行っていれば、依頼者は平成28年中に譲渡を行い、本特例の適用を受けることができたと認められることから、税理士に責任ありと判断された。

　どの時期に自宅を譲渡すれば税法上効果的か等の相談は、課税要件の事実発生前に行う税務にかかわる指導・助言に該当することから、発生した過大納付所得税額等は事前税務相談業務担保特約の保険金支払対象となった。

⑸　支払保険金

　過大納付所得税額等約650万円より税効果による回復額約50万円を差し引いた約600万円を認容損害額とし、免責金額30万円を控除した570万円が保険金として支払われた。

2　事故事例の要因

⑴　買換資産の取得期間は譲渡した年の前年から翌年までの3年間

　本件事例は、平成29年に居住用財産の譲渡をしていることから、買換資産の取得期間は譲渡した平成29年の前年である平成28年から翌年の平成30年の期間内でなければ、「買換資産の取得期間は譲渡した年の前年（平成28年）から翌年（平成30年）までの3年間」の期間に該当しないことになる。

←〈買換資産の取得期間は譲渡した年の前年から翌年までの3年間〉→

譲渡年の前年 （平成28年）	譲渡資産の譲渡年 （平成29年）	譲渡年の翌年 （平成30年）

⑵　本件事例の買換資産の取得時期

　本件事例では、平成27年10月に買換資産を先行取得しているため、本特例の適用を受けるためには、平成28年中に譲渡資産の譲渡を行う必要があった。

しかし、本件事例では平成27年10月に買換資産を先行取得したにもかかわらず、譲渡資産の譲渡が平成29年になったため、本特例の適用が受けられなかったものである。

←〈買換資産の取得期間は譲渡した年の前年から翌年までの3年間〉→

本件事例における買換資産の取得（平成27年）	譲渡年の前年（平成28年）	譲渡資産の譲渡年（平成29年）	譲渡年の翌年（平成30年）

3　事故事例からの教訓（落とし穴）

> ・買換資産の取得年は、一般的に譲渡年と同年か翌年が多い。
> ・買換資産の取得年が、譲渡資産の譲渡年より先行するケースは少ないことから、買換資産を先行取得した場合には、適用を受けるための譲渡資産の譲渡期間について法令により確認する必要がある。

⑴　譲渡資産の譲渡時期と買換資産の取得時期

　実務では下表のように、譲渡資産の譲渡時期と買換資産の取得時期は同年であるか、又は譲渡資産の譲渡が先行して、譲渡年の翌年に買換資産を取得するケースが大部分を占める。

　そのため、税理士は譲渡年（下表では令和4年）に相談を受けた依頼者に対して、買換資産の取得時期は譲渡年（令和4年）、又はその翌年中（令和5年）と説明すれば済み、事故が発生する可能性は少ない。

◀──────〈一般的な譲渡資産の譲渡年と買換資産の取得年の関係〉──────▶

譲渡資産の譲渡年及び買換資産の取得年（令和4年）	翌年中の買換資産の取得も可（令和5年）

⑵　本件事例は買換資産が先行取得のケース

　買換資産の取得年が、譲渡資産の譲渡年より先行するケースは少ないが、本件事例はその少ないケースに該当する。

　買換資産の取得期間は、譲渡資産の譲渡年の前年1月1日から譲渡年の翌年12月31日までの間とされていることから、買換資産の取得が先行して平成27年であれば、譲渡資産の譲渡年は下表のように平成28年中ということになる。

　買換資産を先行取得している場合には、譲渡資産の譲渡時期が制限される仕組みになっていることを、税理士は依頼を受けた時点で把握しておくべきであったといえる。

◀──〈買換資産を先行取得した場合の譲渡資産の譲渡期限〉──▶

事故事例における 買換資産の取得 （平成27年）	譲渡資産の譲渡期限 （平成28年）

⑶　買換特例に共通する仕組み

　居住用財産の買換特例は、本件事例のように譲渡損が生じた場合だけでなく、譲渡益が生じた場合にも設けられているが（措法36の2）、いずれの特例も買換資産の取得時期は、譲渡資産を譲渡した年の前年から翌年の3年間と規定されている（事業用資産買換特例も同様）。

　各種の買換特例には、その特例の趣旨に沿った諸々の適用要件が設けられていることから、特例の適用を受けようとする際は、どのような要件が設けられているか慎重に確認する必要がある。

4　本特例の仕組み

⑴　本特例のあらまし

　平成16年1月1日以後に土地等・建物等を譲渡したことにより発生した譲渡損失は、原則として、損益通算及び繰越控除が認められていない。

　しかし、本特例は上記に対する例外的な規定であり、令和5年12月

31日までの間に行われた譲渡により生じた一定の居住用財産の譲渡損失の金額は、土地等・建物等による所得以外の他の所得との損益通算が認められるとともに、損益通算後も譲渡損失の金額がある場合において、一定の要件の下でその譲渡損失の金額に対し、その譲渡年の翌年以後3年以内の各年の総所得金額等からの繰越控除が認められている（措法41の5）。

財務省資料

居住用財産の買換え等の場合の譲渡損失の損益通算及び繰越控除

【制度の概要】
　個人が所有期間5年超の居住用財産の譲渡をし、一定期間内に居住用財産の取得をして自己の居住の用に供した場合（その取得した居住用財産に係る住宅借入金等の残高を有する場合に限る。）において、その譲渡した資産に係る譲渡損失については、一定の要件の下で、他の所得との損益通算及び繰越控除ができる。

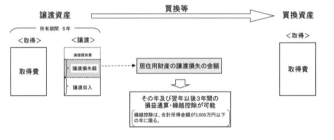

○　譲渡資産の要件
　・　所有期間が5年超の居住用家屋及びその敷地等
　　（注）500㎡超の敷地に対応する部分の譲渡損失の金額は繰越損失の対象とならない。
　・　平成10年1月1日から令和5年12月31日までの間の譲渡

○　買換資産の要件
　・　居住用家屋（床面積50㎡以上）及びその敷地
　・　譲渡日の前年の1月1日から譲渡日の翌年12月31日までの間に取得をして、取得日からその翌年12月31日までの間に自己の居住の用に供すること又は供する見込みであること
　・　繰越控除の適用年の年末において買換資産の取得に係る一定の住宅借入金等があること
　　※　買換資産について住宅ローン控除の適用可能

⑵　本特例の適用を受けるための主な要件

①　居住用財産の譲渡損失の金額について

居住用財産の譲渡損失の金額とは、個人が居住の用に供する土地等・建物等で、譲渡年の1月1日における所有期間が5年を超えるものの譲渡をした場合において、譲渡日の属する年の前年1月1日から譲渡日の属する年の翌年12月31日までの間に、買換資産の取得をして、その取得をした日の属する年の12月31日において買換資産に係る住宅借入金等を有し、かつ、その取得の日から取得の日の属する年の翌年12月31日までの間にその個人の居住の用に供したときにおける譲渡資産に係る

譲渡損失の金額をいう（措法41の5⑦一）。

　上記から、買換資産の取得期間の範囲は、譲渡資産を譲渡した年の前年から翌年までの期間であり、その期間を図示すると次のようになる。

◀─────〈買換資産の取得期間は譲渡した年の前年から翌年までの３年間〉─────▶

譲渡資産の譲渡年の前年	譲渡資産の譲渡年	譲渡資産の譲渡年の翌年

②　損益通算後の譲渡損失の金額について

　損益通算後の譲渡損失の金額とは、繰越控除を受けようとする年の前年以前３年以内の年に生じた譲渡損失の金額について、次の要件を満たさなければならない（措法41の5④・⑦）。

　イ　その年の12月31日において、その譲渡損失を生じた資産の買換資産に係る住宅借入金等の金額を有すること。

　ロ　その年分の合計所得金額が3,000万円を超えないこと。

(3)　本特例に類似する特例

①　特定居住用財産の譲渡損失の損益通算及び繰越控除の特例

　特定居住用財産の譲渡損失の損益通算及び繰越控除の特例は、令和5年12月31日までの間に、住宅ローンのある居住用財産を住宅ローンの残高を下回る価額で譲渡して損失（譲渡損失）が生じたときは、一定の要件を満たすものに限り、新たな買換資産を取得しない場合であっても、その譲渡損失をその年の給与所得や事業所得など他の所得から控除（損益通算）することができるとともに、損益通算を行っても控除しきれなかった譲渡損失は、譲渡年の翌年以後３年間繰り越して控除（繰越控除）することができる制度である（措法41の5の2）。

　なお、譲渡損失の損益通算限度額については、居住用財産の譲渡契約日の前日における住宅ローンの残高から譲渡価額を差し引いた残りの金額が損益通算の限度額となる。

財務省資料

特定の居住用財産の譲渡損失の損益通算・繰越控除制度

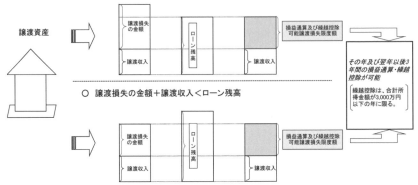

○譲渡資産の要件

・ 所有期間が5年超の居住用家屋及びその敷地等

・ 譲渡に係る契約を締結した日の前日において譲渡資産の取得に係る一定の住宅借入金等があること

・ 平成16年1月1日から令和5年12月31日までの間の譲渡

② 特定の居住用財産の買換え等の場合の課税の特例

　特定の居住用財産の買換え等の場合の課税の特例は、特定の居住用財産を令和5年12月31日までの間に譲渡して、代わりの居住用財産に買い換えたときは、一定の要件（買換資産の取得時期は前記(2)と同様及び譲渡対価の1億円以下等）のもと、譲渡益に対する課税を将来に繰り延べることができる制度をいう（譲渡益が非課税となるわけではなく、課税の繰り延べである）（措法36の2）。

　例えば、1,000万円で購入した居住用財産を5,000万円で譲渡し、7,000万円の居住用財産に買い換えた場合には、通常の場合、4,000万円の譲渡益が課税対象となるが、本特例の適用を受けた場合、譲渡した年分での譲渡益に対する課税は行われず、買い換えた居住用財産を将来譲渡したときまで譲渡益に対する課税が繰り延べられる制度である。

財務省資料

特定の居住用財産の買換え及び交換の場合の長期譲渡所得の課税の特例

【制度の概要】
　所有期間10年超の居住用財産の譲渡をし、一定の期間内に居住用財産の取得をして自己の居住の用に供した場合において、その譲渡した資産に係る譲渡所得については、一定の要件の下で、3,000万円特別控除との選択により、取得価額の引継ぎによる課税の繰延べができる。

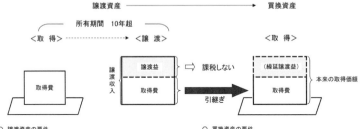

○ 譲渡資産の要件
・所有期間が10年超の居住用家屋及びその敷地等
・平成5年4月1日から令和5年12月31日までの間の譲渡
・譲渡価額が1億円以下のもの

○ 買換資産の要件
・居住用家屋（床面積50㎡以上）及びその敷地（面積500㎡以下）
　（注1）既存住宅である場合には、築25年以内又は耐震基準に適合するもの（取得期限までに耐震改修等をして適合するものを含む。）に限る。
　（注2）令和6年1月1日以後に建築確認を受ける住宅（登記簿上の建築日付が同年6月30日以前のものを除く。）又は建築確認を受けない住宅で登記簿上の日付が同年7月1日以降のものである場合には、一定の省エネ基準を満たすものに限る。
・譲渡日の前年の1月1日から譲渡年の12月31日までの間に取得をして、取得日から譲渡日の翌年12月31日までの間に自己の居住の用に供すること又は供する見込みであること（譲渡日の翌年12月31日（取得期限）までに買換資産を取得する見込みであり、かつ、その取得日の翌年12月31日までにその買換資産を自己の居住の用に供する見込みである場合も、適用可能）

5　本特例等の留意点

(1)　本特例等の適用実績

　本特例の直近の適用実績は、次頁図表（その1）欄のとおりである。

　（その2）欄は「特定居住用財産の譲渡損失の損益通算及び繰越控除制度の特例」（措法41の5の2）であり、（その3）欄は「特定の居住用財産の買換え等の場合の課税の特例」（措法36の2）であるが、両特例と比較して本特例は圧倒的に多く適用されていることが分かる。

　適用実績が多くなると、申告実務において適用誤りを誘発する可能性も高くなることに留意すべきである。

適用年	適用実績（その1）「居住用財産の買換え等の場合の譲渡損失の損益通算及び繰越控除」	適用実績（その2）「特定居住用財産の譲渡損失の損益通算及び繰越控除の特例」	適用実績（その3）「特定の居住用財産の買換え等の場合の課税の特例」
平成29年	6,367件	538件	323件
平成30年	5,522件	428件	351件
令和元年	4,971件	375件	308件

⑵ **本特例等の令和4年度税制改正による見直し**

令和4年度税制改正では、次の①の本特例を含め②及び③の特例の見直しがあったが、①と②は適用期限が2年間延長されただけであり、制度の見直しはない。

しかし、③は適用期限が2年延長されただけでなく、買換資産の範囲が令和6年以後に取得される場合には一定の要件が追加されていることに留意する必要がある。

① 居住用財産の買換え等の場合の譲渡損失の繰越控除等の特例の延長

住宅・不動産の流動化を図るとともに、ライフステージに応じた住替えを支援する観点から、居住用財産の買換え等の場合の譲渡損失の損益通算及び繰越控除の適用期限が、令和5年12月31日まで2年間延長された（措法41の5）。

② 特定居住用財産の譲渡損失の繰越控除等の特例の延長

住宅ローンのある居住用財産を譲渡して、買換えをせずに借家等に住み替える場合に、その譲渡対価では住宅ローンを返済しきれない者に対し、税負担を軽減し再出発を支援する観点から、特定居住用財産の譲渡損失の損益通算及び繰越控除の適用期限が、令和5年12月31日まで2年間延長された（措法41の5の2）。

③ 特定の居住用財産の買換え等の場合の課税の特例の延長及び見直し

特定の居住用財産の買換え及び交換の場合の長期譲渡所得の課税の特

例について、買換資産が令和6年1月1日以後に建築確認を受ける住宅（登記簿上の建築日付が同年6月30日以前のものを除く）又は建築確認を受けない住宅で登記簿上の建築日付が同年7月1日以降のものである場合の要件にその住宅が一定の省エネ基準を満たすものであること（特定居住用家屋（措令24の2③一イ））を加えた上、その適用期限が令和5年12月31日まで2年間延長された（措法36の5）。

　上記の改正は、令和4年1月1日以後に行う譲渡資産の譲渡に係る買換資産について適用される。

3 法人税の保険事故事例

> **[7]** 所得拡大促進税制の適用失念により過大納付法人税額が発生した事例

1 事故事例

　法人税の事故事例のうち、最も件数の多い事故が「所得拡大促進税制」に関連するものである。その事故のほとんど適用失念であるが、計算誤り等も若干ある。

⑴ 事故の概要

　税理士は、依頼者法人の平成29年3月期以前について、雇用者給与等支給額が増加した場合の法人税額の特別控除（所得拡大促進税制）の適用を失念してしまった。

　依頼者法人へ報告したところ、後日、税理士は依頼者法人から内容証明郵便にて損害賠償請求をする旨の通知を受領した。

⑵ 事故発覚の経緯

　依頼者法人より、社員給与増加による節税策適用報告書の有無に関する質問があり税理士が確認したところ、平成30年3月期は適用しているが、平成29年3月期以前については、雇用者給与等支給額が増加した場合の法人税額の特別控除（所得拡大促進税制）を適用していないことに気付き発覚した。

⑶ 事故の原因

　税理士は毎年の税制改正について研修等で学んでいたが、不注意から本件事例において適用することを失念してしまったため。

⑷ 税賠保険における判断

　依頼者法人の平成27年3月期と平成28年3月期の雇用者給与等支給額が増加した場合の法人税額の特別控除（所得拡大促進税制）の適用を怠り、法人税確定申告書を作成提出したことは、税理士に責任ありと判断された。

⑸ 支払保険金

　過大納付法人税額約700万円を認容損害額とし、免責30万円を控除した約670万円が保険金額として支払われた。

2 事故事例の要因

⑴ 毎年の税制改正は研修等で学んでいた

　税理士は、「毎年の税制改正について研修等で学んでいた」ようであるから、「所得拡大促進税制（以下「賃上げ促進税制」という）」について、その仕組みを承知していたものと想定される。

　毎年「研修等で学んでいる」ことで、実務に対する備えは怠っていないという「自信」が「慢心」になった可能性もあり、複数職員によるチェック体制の構築等が必要である。

⑵ 不注意による提出失念

　本件事例は、依頼者法人から「社員給与増加による節税策適用報告書の有無に関する質問」に対し税理士が確認した結果、不注意による適用失念が発覚したようである。

　「不注意による提出失念」の詳細について記述はないが、「不注意」の要因を探るとともに再発防止に努めるべきである。

　本件事例は、研修等で学んでいた日頃の努力が報われない結果になってしまったが、今後も研修等により新しい知識を吸収することが、実務での事故防止の一助になる。

3　事故事例からの教訓（落とし穴）

> ・黒字法人に限り適用される制度である。
> ・賃上げ促進税制は毎年のように改正されている。

(1)　黒字法人に限り適用される制度である

　大企業向け及び中小企業向け「賃上げ促進税制」は、当期の法人税額から税額控除する仕組みであるため、黒字法人でなければ適用することができないものであり、赤字法人にはその適用がない。

　国税庁から公表されている「国税庁統計法人税表」によれば、全国の普通法人のうち赤字法人率は約3分の2のようである（黒字法人は約3分の1）。

　毎月のように提出する法人税の確定申告書のうち全体の約3分の1である黒字法人に限定して、「賃上げ促進税制の適用失念」・「計算誤り」・「別表添付漏れ」がないか確認することは、それ程困難な作業とは思えない。

　その作業を実行すれば、本件事例のような事故は相当程度減少するものと考えられる。

(2)　賃上げ促進税制は毎年のように改正されている

　賃上げ促進税制は、平成25年度税制改正による創設以後、ほぼ毎年改正が行われている。

　賃上げ促進税制の適用失念の防止に努めるだけでなく、計算誤り等に備えるとともに、毎年のように税制改正される賃上げ促進税制の仕組みについても十分な理解が必要になる（次の**4**・**5**参照）。

4　賃上げ促進税制の仕組み

(1)　創設及び改正の経緯

　賃上げ促進税制は、平成25年度税制改正により5年間の適用期限（当

初は3年間）として創設され、期限が到来した平成30年度税制改正により、3年間の適用期限により大企業向けの賃上げ促進税制と中小企業向けの賃上げ促進税制に区分された経緯がある。

さらに、期限が到来した令和3年度税制改正により、2年間の適用期限として大企業向けの賃上げ促進税制と中小企業向けの賃上げ促進税制の見直しが行われたが、令和4年度税制改正で更なる改正が行われた。

本件事例は平成25年度創設時の仕組みによるものであり、現行税制とはその仕組みが相違するが、実務を優先し、令和3年度税制改正・令和4年度税制改正の仕組みについて、以下で解説を行う。

財務省資料

		制度の概要			一人当たり賃金の引上げに着目	コロナ禍で雇用確保を重視
大企業向け（人材確保等促進税制）	【適用要件】・新規雇用者の給与総額：対前年度比2%以上増【税額控除】・新規雇用者の給与総額の15%の税額控除	H25・給与総額24年度比増・平均給与前年度以上増	H29・平均給与前年度比2%増	H30継続雇用者給与総額前年度比3%増一時金を含む	R3（現行）新規雇用者給与総額前年度比2%増当期と前期で毎月給与の支給がある雇用者	
	(注1) 当期の教育訓練費が前期の教育訓練費の1.2倍以上である場合には、控除率を5%上乗せ（→合計20%）(注2) 雇用者全体の給与総額の対前年度増加額を上限					
中小企業向け（所得拡大促進税制）	【適用要件】・雇用者全体の給与総額：対前年度比1.5%以上増【税額控除】・雇用者全体の給与総額の対前年度増加額の15%の税額控除	H25・給与総額24年度比増・平均給与 前年度以上増	一時金を含む	H30継続雇用者給与総額前年度比1.5%増	R3（現行）給与総額前年度比1.5%増当期と前期で毎月給与の支給がある雇用者	一人当たり賃金の引上げに着目 コロナ禍で雇用確保を重視
	(注1) 雇用者全体の給与総額の対前年度比が2.5%以上増であり、かつ、教育訓練費増加等の要件を満たす場合には、控除率を10%上乗せ（→合計25%）(注2) 教育訓練費増加等の要件：次のいずれかの要件　① 当期の教育訓練費が前期の教育訓練費の1.1倍以上　② 中小企業等経営強化法の認定経営力向上計画における経営力向上の証明					

(2) 令和3年度税制改正後の仕組み

令和3年度税制改正により、大企業向け「人材確保等促進税制」と中小企業向け「所得拡大促進税制」に区分され、見直しが行われた。

① 大企業向け「人材確保等促進税制」への見直し

令和3年度税制改正では、従前の「法人が給与等の引き上げ及び設備投資を行った場合に係る措置」の適用要件等が見直され、人材確保・人材育成に着目した税制（「人材確保等促進税制」）へと改組された（措法42の12の5①）。

イ　改正のあらまし

　大企業向け「人材確保等促進税制」は、青色申告書を提出する法人が、令和3年4月1日から令和5年3月31日までの間に開始する各事業年度において新規雇用者に対して給与等を支給する場合において、その事業年度で次のロの要件を満たすときは、その法人のその事業年度の控除対象新規雇用者給与等支給額の15％（その事業年度で次のハの要件を満たす場合には20％）相当額（以下「税額控除限度額」という）の税額控除ができるというものである。

ロ　新規雇用者給与等支給額の増加割合が2％以上

　その法人の新規雇用者給与等支給額からその新規雇用者比較給与等支給額を控除した金額のその新規雇用者比較給与等支給額に対する割合が2％以上であること。

賃金要件 (増加割合)	新規雇用者給与等支給増加割合 ⇒ 2％以上 $\dfrac{新規雇用者給与等支給額（適用年度） - 新規雇用者比較給与等支給額（前事業年度）}{新規雇用者比較給与等支給額（前事業年度）} \geqq 2\%$ ※雇用安定助成金は控除しない。
税額控除	控除対象新規雇用者給与等支給額（次の①・②の少ない金額）× 15％ ① 新規雇用者給与等支給額（適用年度） ② 調整雇用者給与等支給増加額（適用年度 − 前事業年度） ※ 上記①・②は、雇用安定助成金を控除する。

ハ　教育訓練費の額の増加割合が20％以上等

　その法人のその事業年度の所得の金額の計算上損金の額に算入される教育訓練費の額からその比較教育訓練費の額を控除した金額のその比較教育訓練費の額に対する割合が20％以上等であること。

控除率 上乗せ	$\dfrac{教育訓練費（適用年度） - 比較教育訓練費（前事業年度）}{比較教育訓練費（前事業年度）} \geqq 20\%$ ➡税額控除率を5％上乗せ（合計20％）

② 中小企業向け「所得拡大促進税制」への見直し

改正前の要件では、個々の法人の継続雇用者の賃金引上げに主眼をおいていたが、新型コロナウイルス感染症の影響で雇用情勢が厳しい中、単に自らの従業員に対する給与の引上げを行うのみならず、雇用者報酬全体の維持・拡大に積極的に取り組む法人を支援すべきと考えられることから、雇用者に対する給与等の支給額の増加額に着目した要件に見直すこととされた。

イ　改正のあらまし

中小企業向け「所得拡大促進税制」は、次の見直しを行った上、その適用期限が令和3年4月1日から令和5年3月31日まで2年延長された（措法42の12の5②）。

ロ　適用要件の見直し（継続雇用者から雇用者全体へ見直し）

適用要件のうち、継続雇用者給与等支給額の継続雇用者比較給与等支給額に対する増加割合が1.5％以上であることの要件を、雇用者給与等支給額の比較雇用者給与等支給額に対する増加割合が1.5％以上であることとの要件に見直しされ、税額控除率は15％とされた。

賃金要件	雇用者給与等支給増加割合 ⇒ 1.5％以上 $\dfrac{\text{雇用者給与等支給額（適用年度）} - \text{比較雇用者給与等支給額（前事業年度）}}{\text{比較雇用者給与等支給額（前事業年度）}} \geq 1.5\%$ ※雇用安定助成金は控除しない。
税額控除	（雇用者給与等支給額 − 比較雇用者給与等支給額）× 税額控除率（15％） ※雇用安定助成金は控除する。
控除率 上乗せ	［賃金要件］の増加割合が2.5％以上であり、かつ、次のいずれかを満たす場合 ①$\dfrac{\text{教育訓練費（適用年度）} - \text{比較教育訓練費（前事業年度）}}{\text{比較教育訓練費（前事業年度）}} \geq 10\%$ ②経営向上計画に記載された経営力向上が確実に行われたことを証明 ➡税額控除率を10％上乗せ（合計25％）

ハ 上乗せ要件の見直し

その事業年度で次の要件を満たす場合には、25％相当額の税額控除ができる。

(イ) 雇用者給与等支給額が対前年度増加率2.5％以上

その中小企業者等の雇用者給与等支給額からその比較雇用者給与等支給額を控除した金額のその比較雇用者給与等支給額に対する割合が2.5％以上であること。

(ロ) 次の要件のいずれかを満たすこと。

a その中小企業者等のその事業年度の所得金額の計算上損金の額に算入される教育訓練費の額からその比較教育訓練費の額を控除した金額のその比較教育訓練費の額に対する割合が10％以上等であること。

b その中小企業者等が、その事業年度終了の日までにおいて中小企業等経営強化法の経営力向上計画の認定を受けたものであり、その認定に係る経営力向上計画に記載された経営力向上が確実に行われたことにつき証明がされたものであること。

(3) 令和4年度税制改正による見直し

令和4年度税制改正では、令和3年度税制改正の適用期限が到来していないにも関わらず、大企業向け「賃上げ促進税制」と中小企業向け「賃上げ促進税制」に区分して、次の見直しが行われた。

なお、この見直しは、令和5年3月期決算法人から令和7年2月期決算法人に対し適用されることになった。

① 大企業向け「賃上げ促進税制」の見直し

イ 改正のあらまし

青色申告書を提出する法人が、令和4年4月1日から令和6年3月31日までの間に開始する各事業年度において国内雇用者に対して給与等を支給する場合において、継続雇用者給与等支給額の継続雇用者比較給与等支給額に対する増加割合が3％以上であるときは、控除対象雇用者給与

等支給増加額の15%の税額控除ができる制度となった（措法42の12の5①）。

この場合において、継続雇用者給与等支給額の継続雇用者比較給与等支給額に対する増加割合が4%以上であるときは、税額控除率に10%が加算され、教育訓練費の額の比較教育訓練費の額に対する増加割合が20%以上等であるときは、税額控除率に5%が加算されることになった。

ただし、控除税額は当期の法人税額の20%が上限となる。

賃金要件 （増加割合）	継続雇用者給与等支給増加割合 ⇒ 3%以上 $$\frac{\substack{継続雇用者給与等支給額\\（適用年度）}-\substack{継続雇用者比較給与等支給額\\（前事業年度）}}{継続雇用者比較給与等支給額（前事業年度）} \geqq 3\%$$ ※雇用安定助成金は控除しない。
税額控除	控除対象雇用者給与等支給額（次の①・②の少ない金額）× 15% ① 雇用者給与等支給増加額（適用年度 − 前事業年度） ② 調整雇用者給与等支給増加額（適用年度 − 前事業年度） ※上記①は雇用安定助成金を控除しないが②は雇用安定助成金を控除する。
控除率 上乗せ	・継続雇用者給与等支給増加割合 ⇒ 4%以上の場合 ⇒ 税額控除率10%上乗せ ・教育訓練費増加割合 ⇒ 20%以上等の場合 ⇒ 税額控除率5%上乗せ $$\frac{教育訓練費（適用年度）−比較教育訓練費（前事業年度）}{比較教育訓練費（前事業年度）} \geqq 20\%$$ ➡税額控除率を最大で15%上乗せ（合計で最大30%）

㈤ 「継続雇用者給与等支給額」とは

前記の「継続雇用者給与等支給額」とは、継続雇用者（当期及び前期の全期間の各月分の給与等の支給がある雇用者で一定のものをいう）に対する給与等の支給額をいい、前記の「継続雇用者比較給与等支給額」とは、前事業年度の継続雇用者給与等支給額をいう。

㈥ 控除対象雇用者給与等支給増加額

控除対象雇用者給与等支給増加額とは、法人の雇用者給与等支給額からその比較雇用者給与等支給額を控除した金額をいう（措法42の12の5③六）。

ただし、その金額が調整雇用者給与等支給増加額を超える場合には、調整雇用者給与等支給増加額が控除対象雇用者給与等支給増加額となる（措法42の12の5③六）。

(ハ) 資本金の額等が10億円以上であり、かつ、常時使用する従業員の数が1,000人以上である場合

資本金の額等が10億円以上であり、かつ、常時使用する従業員の数が1,000人以上である場合には、給与等の支給額の引上げの方針、取引先との適切な関係の構築の方針その他の事項についてインターネットを利用する方法により公表したことを経済産業大臣に届け出ている場合に限り、適用があるものとする。

(ニ) 教育訓練費の明細を記載した書類の保存（改正前は添付）

教育訓練費に係る税額控除率の上乗せ措置の適用を受ける場合には、教育訓練費の明細を記載した書類の保存で済むことになった（改正前は確定申告書等への添付）。

② 中小企業向け「賃上げ促進税制」の見直し

イ 改正のあらまし

税額控除割合の上乗せ措置について、適用事業年度において次の要件を満たす場合には、15％にそれぞれ次の割合を加算した割合を税額控除割合とし、その適用年度において次の要件の全てを満たす場合には、15％に次の割合を合計した割合を加算した割合（すなわち最大で40％）を税額控除割合とする措置に見直された（措法42の12の5②）。

令和４年度税制改正による主な変更点

- ✓ 上乗せ要件を簡素化＆控除率引き上げ（控除率最大40％）
- ✓ 教育訓練費増加要件に係る明細書の「添付義務」を「保存義務」へ変更
- ✓ 経営力向上要件は廃止

旧制度 適用期間：令和3年4月1日から令和4年3月31日までの期間内に開始する各事業年度（個人事業主については、令和4年）		
適用要件（通常要件）		控除率
雇用者給与等支給額が前年度と比べて1.5％以上増加		15％
適用要件（上乗せ要件）		控除率
雇用者給与等支給額が前年度と比べて2.5％以上増加しており、か つ次のいずれかを満たすこと ①教育訓練費の額が前年度と比べて10％以上増加していること ②適用年度の終了の日までに中小企業等経営強化法に基づく経営力向上計画の認定を受けており、経営力向上計画に基づく経営力向上が確実に行われたことにつき証明がされていること		+10％

新制度 適用期間：令和4年4月1日から令和6年3月31日までの期間内に開始する各事業年度（個人事業主については、令和5年及び令和6年の各年）		
適用要件（通常要件）		控除率
雇用者給与等支給額が前年度と比べて1.5％以上増加		15％
適用要件（上乗せ要件）		控除率
雇用者給与等支給額が前年度と比べて2.5％以上増加		+15％
教育訓練費の額が前年度と比べて10％以上増加していること		+10％
※経営力向上要件は廃止		

ロ　改正のポイント

㈑　上乗せ要件①

雇用者給与等支給増加割合が2.5％以上であること……15％

【上乗せ要件①】	雇用者給与等支給額が前年度と比べて2.5％以上増加		税額控除率を15％上乗せ

　雇用者給与等支給増加割合とは、中小企業者等の雇用者給与等支給額からその比較雇用者給与等支給額を控除した金額のその比較雇用者給与等支給額に対する割合をいう（措法42の12の5②）。

$$\text{雇用者給与等支給増加割合} = \frac{\text{雇用者給与等支給額（適用年度）} - \text{比較雇用者給与等支給額（前事業年度）}}{\text{比較雇用者給与等支給額（前事業年度）}}$$

(ロ)　上乗せ要件②

　中小企業者等のその適用年度の所得の金額の計算上損金の額に算入される教育訓練費の額からその比較教育訓練費の額を控除した金額のその比較教育訓練費の額に対する割合が10％以上等であること……10％

【上乗せ要件②】	教育訓練費の額が前年度と比べて10％以上等増加		税額控除率を10％上乗せ

　なお、この②の税額控除割合の上乗せの適用を受ける場合には、教育訓練費の明細を記載した書類を添付することについて、改正により確定申告書等への添付義務から保存義務に変更されている（措令27の12の5⑪）。

(ハ)　経営力向上要件の廃止

　経営力向上が確実に行われたことにつき証明がされたものであることとの要件は、改正により廃止されている（旧措法42の12の5②二ロ、旧措規20の10①）。

　したがって、経営力向上が確実に行われたことにつき証明がされた場合であっても、そのことをもって税額控除割合の上乗せの適用を受けることはできない。

5　賃上げ促進税制の留意点

(1)　見直しが適用される事業年度の確認

　賃上げ促進税制は、平成25年度創設以後、令和元年を除き、毎年見直しが行われている。

　毎月のように提出する法人の確定申告書について、各年度の税制改正による見直しが適用される事業年度に誤りがないか確認する必要がある。

　具体的には、大企業向け「人材確保等促進税制」であれば、令和3年度税制改正による見直しは、令和4年3月期決算法人から令和5年2月期

決算法人の1年間のみ適用されることになり、令和5年3月期決算法人から令和7年2月期決算法人の2年間は、令和4年度税制改正の見直しが適用されることになった。

　一方、中小業企業向け「所得拡大促進税制」は、令和3年度税制改正による見直しが、令和4年3月期決算法人から令和7年2月期決算法人の3年間にわたり適用されることになった（税額控除の上乗せ措置を除く）。

令和3年度税制改正	令和4年度税制改正
大企業向け（新規雇用者の賃上げ要件） 　令和4年3月期決算法人から 　　令和5年2月期決算法人までの1年間 ※令和3年度改正では2年間の予定であったが、令和4年度改正により1年間に短縮された。	大企業向け（継続雇用者の賃上げ要件） 　令和5年3月期決算法人から 令和7年2月期決算法人までの2年間
中小企業向け（雇用者全体の賃上げ要件） 　令和4年3月期決算法人から 　　令和6年2月期決算法人までの2年間	中小企業向け（雇用者全体の賃上げ要件） 　令和6年3月期決算法人から 令和7年2月期決算法人まで1年延長 ※上乗せ措置が引き上げられた。

(2)　実務では中小企業向けの税額控除の申告が多い

　実務では中小企業向けの税額控除の申告が多いものと想定されるが、税額控除における別表計算は、大企業向けと比較して中小企業向けの方が簡便に行える仕組みになっている。

　中小企業向けの税額控除を行う「別表六（二十八）」の記載上の留意点は、雇用者給与等支給額から雇用安定助成金を「控除しない場合」と「控除する場合」の取り扱いである。

　前記の賃金要件の判定では雇用者給与等支給額から雇用安定助成金は「控除しない」が、同じく前記の税額控除の計算では雇用者給与等支給額から雇用安定助成金は「控除する」と理解していれば、別表計算を誤ることはない。

⑶ 別表の変更

　令和3年度税制改正では大企業向けと中小企業向けではそれぞれ異なる別表を使用していたが、令和4年度税制改正により大企業であっても中小企業であっても同一の別表を使用することになった。

令和3年度税制改正	令和4年度税制改正
大企業向けが使用する別表 ・別表六（二十七） 　※令和3年4月1日以後終了事業年度分 中小企業向けが使用する別表 ・別表六（二十八） 　※令和3年4月1日以後終了事業年度分	大企業向けと中小企業向けは共に下記の別表を使用する ・別表六（三十一） ・別表六（三十一）付表一 ・別表六（三十一）付表二 　※令和4年4月1日以後終了事業年度分

[8] 事前確定届出給与の提出失念により過大納付法人税額が発生した事例

1 事故事例

　法人税の事故事例のうち、「賃上げ促進税制」の次に多い事故が「事前確定届出給与」に関係するものである。その事故のほとんどが届出書の提出失念であるが、本件事故もその提出失念によるものである。

(1) 事故の概要

　税理士が依頼者より事前確定届出給与に関する届出書（以下「届出書」という）の提出依頼を受けたが、その届出書の提出を失念してしまい、過大納付法人税額を発生させたとして依頼者から損害賠償請求を受けた。

(2) 事故発覚の経緯

　申告後に税務署からの問い合わせを受け、届出書提出失念の事実が発覚した。

(3) 事故の原因

　依頼者より届出書の提出依頼を受けたが、後日作成しようと思いすぐに対応しなかったため、そのまま提出を失念してしまうことになった。

(4) 税賠保険における判断（保険金支払対象外と判断した理由）

　賠償請求後に、税理士が改めて要件の確認をしたところ、該当の賞与は前期のいわゆる決算賞与として支給されたものであることが判明した。この決算賞与は、職務執行期間開始の日から1月を経過する日後に支給額が確定するものであることから、そもそも損金算入のための要件を満たさないものであったため、保険金支払の対象外と判断された。

　事前確定届出給与として損金算入するためには、職務執行期間開始の

日から1月を経過する日とその開始の日の属する事業年度開始の日から4月を経過する日とのいずれか早い日など一定の日までに届出書を提出する必要がある。

いわゆる決算賞与は、職務執行期間が終了した後に支給の決議をすることから、損金算入の要件を満たさないことが多い。

本件のように、賠償請求を受けたとしても改めて慎重に要件の検討を行うことが必要である。

2 事故事例の要因

(1) 提出失念の理由は様々

本件事故は、届出書を「後日作成しようと思いすぐに対応しなかった」ため提出を失念したようである。

提出失念の理由は、様々であるが「……すぐに対応しなかった」ケースは数多くある要因の一つといえる。

(2) 事前確定届出給与に関する届出書の記載事項

事前確定届出給与に関する届出書を提出する場合において、届出書に記載すべき事項は次のとおりであり（法規22の3②）、具体的な記載方法は【記載例】を参照いただきたい。

① 届出をする法人の名称・納税地及び法人番号並びに代表者の氏名

② 事前確定届出給与対象者の氏名及び役職名

③ 事前確定届出給与の支給時期並びに各支給時期における支給額等

④ 株主総会等の決議により上記③の支給時期及び支給額を定めた日並びにその決議を行った機関等

⑤ 事前確定届出給与に係る職務の執行の開始の日（臨時改定事由による届出である場合には、臨時改定事由の概要及び臨時改定事由が生じた日）

⑥ 事前確定届出給与につき定期同額給与による支給としない理由及びその事前確定届出給与の支給時期を上記③の支給時期とした理由

⑦ 事前確定届出給与に係る職務を執行する期間内の日の属する会計期間において事前確定届出給与対象者に対して事前確定届出給与と事前確定届出給与以外の給与とを支給する場合のその事前確定届出給与以外の給与の支給時期及び各支給時期における支給額

⑧ その他参考となるべき事項

【記載例】

| | 事前確定届出給与に関する届出書 | ※整理番号 | |

税務署受付印	納　税　地	〒104-8449 東京都中央区築地5-3-1 電話(03) 3542 - 2111
	（フリガナ）	ツキジショウジカブシキカイシャ
	法　人　名　等	**築地商事株式会社**
令和 4 年 6 月 1 日	法　人　番　号	1 2 3 4 5 6 7 8 9 0 1 2 3
	（フリガナ）	ヤマダ　イチロウ
	代　表　者　氏　名	**山田　一郎**
京橋 税務署長殿	代　表　者　住　所	〒120-0034 東京都足立区北千住1-1-1

連結子法人 （届出の対象が連結子法人である場合に限り記載）	（フリガナ）		※税務署処理欄	整理番号	
	法　人　名　等			部　　門	
	本店又は主たる事務所の所在地	〒　　（　　　局　　署） 電話（　　　）　　　－		決算期	
	（フリガナ）			業種番号	
	代　表　者　氏　名			整理簿	
	代　表　者　住　所	〒		回付先	□ 親署 ⇒ 子署 □ 子署 ⇒ 調査課

事前確定届出給与について下記のとおり届け出ます。

記

① 事前確定届出給与に係る株主総会等の決議をした日及びその決議をした機関等	（決議をした日）　令和 4 年 5 月 30 日 （決議をした機関等）　**株主総会**
② 事前確定届出給与に係る職務の執行を開始する日	令和 4 年 5 月 30 日
③ 臨時改定事由の概要及びその臨時改定事由が生じた日	（臨時改定事由の概要） （臨時改定事由が生じた日）　令和　　年　　月　　日
④ 事前確定届出給与等の状況	付表 1 (No.　　　〜No.　　　) のとおり。
⑤ 事前確定届出給与につき定期同額給与による支給としない理由及び事前確定届出給与の支給時期を付表の支給時期とした理由	**資金繰りの関係上**
⑥ その他参考となるべき事項	

決議を行った日と機関を記載

理由を記載

届出期限	イ　次のうちいずれか早い日　令和 4 年 5 月30日 　(イ)　①又は②に記載した日のうちいずれか早い日から1月を経過する日（令和　年　月　日） 　(ロ)　会計期間4月経過日等（令和 4 年 7 月31日） ロ　設立の日以後2月を経過する日　令和　年　月　日 ハ　臨時改定事由が生じた日から1月を経過する日　令和　年　月　日	届出期限となる日 ☑イ　□ロ　□ハ

税　理　士　署　名	

（規格A4）

※税務署処理欄	部門	決算期	業種番号	番号	整理簿	備考	通信日付印	年 月 日	確認

04.03改正

付表　1　（事前確定届出給与等の状況（金銭交付用））　No.

事前確定届出給与対象者の氏名（役職名）	山田　一郎　（　　　代表取締役　　　）
事前確定届出給与に係る職務の執行の開始の日（職務執行期間）	令和 4 年 5 月 30 日（令和 4 年 5 月 30 日 ～ 令和 5 年 5 月 29 日）
当該事業年度	令和 4 年 4 月 1 日 ～ 令和 5 年 3 月 31 日
職務執行期間開始の日の属する会計期間	令和 4 年 4 月 1 日 ～ 令和 5 年 3 月 31 日

事前確定届出給与に関する事項

	区分	支給時期（年月日）	支給額（円）
職務執行期間開始の日の属する会計期間	届出額	4・7・11	1,000,000
	支給額	4・12・9	1,000,000
	今回の届出額	支給時期を記載	支給額を記載
	今回の届出額	・　・	
	今回の届出額	・　・	
	今回の届出額	・　・	
翌会計期間以後	今回の届出額	・　・	
	今回の届出額	・　・	
	今回の届出額	・　・	

事前確定届出給与以外の給与に関する事項

金銭による給与（業績連動給与を除く）

	支給時期（年月日）	支給額（円）
職務執行期間開始の日の属する会計期間	4・4・25	800,000
	4・5・25	800,000
	4・6・24	800,000
	4・7・25	800,000
	4・8・25	800,000
	4・9・22	800,000
	4・10・25	800,000
	4・11・25	800,000
	4・12・23	800,000
	5・1・25	800,000
	5・2・24	800,000
	5・3・24	800,000
翌会計期間以後	・　・	毎月支給する「定期同額給与」を記載
	・　・	
	・　・	

業績連動給与又は金銭以外の資産による給与の支給時期及び概要

04.03改正

3 事故事例からの教訓（落とし穴）

> ・届出書の提出前に要件確認。
> ・事故事例は保険金支払対象外。
> ・提出失念の防止策。

(1) 届出書の提出前に要件確認

　税理士は、依頼者から「事前確定届出給与に関する届出書」提出の依頼を受けた時点で、届出書に係る適用要件を確認すべきであった。税理士が依頼を受けた時点で確認していれば、依頼内容は適用要件を満たさないものであることが判明し（職務執行期間終了後に支給決議した役員賞与）、提出失念の事態を招くことはなかった。

　税理士は、依頼者からの依頼内容について「後日しようと思いすぐに対応しない」というような姿勢は厳に慎むべきである。

(2) 事故事例は保険金支払対象外

　税理士が依頼者から損害賠償請求を受けたとしても、すべてのケースで保険金が支払われるわけではない。

　「事前確定届出給与」は、役員に対する賞与といえるが、文言どおり「事前に届出た支払時期と支払額に従い、事前届出と同様の支給時期に支給額を支払うことにより損金算入が認められる」制度である。

　本件事例は、「事前届出」ではなく「事後届出」になるため、要件を満たさず保険金支払対象外となった。

　なお、保険金支払対象外になったとしても、税理士が届出書の提出を失念した事実に対し依頼者から損害賠償を受ける可能性は依然として残り、その失念については別途協議により解決すべきことになる。

(3) 提出失念の防止策

　提出失念の防止策としては、ありふれたことであるが、次のような項

目を反復して再確認することに尽きるといえる。

　・思い込みに注意する

　・組織内でのチェック体制を構築する

　・組織内で担当者を定期的に変更する

　・毎年「新しい目」で確認する　　　　等

4　事前確定届出給与の仕組み

(1)　現行制度のあらまし

　事前確定届出給与については、平成29年4月1日以後に役員給与の支給に係る決議（その決議が行われない場合にはその支給）が行われる役員給与の取扱いは、次の(2)から(4)のようになった。

(2)　損金の額に算入されない給与

　法人が役員に対して支給する給与の額のうち、「定期同額給与」・「事前確定届出給与」及び「業績連動給与」のいずれにも該当しないものの額は損金の額に算入されない（法法34①）。

　また、「定期同額給与」・「事前確定届出給与」及び「業績連動給与」のいずれかに該当するものであっても、不相当に高額な部分の金額は損金の額に算入されない（法法34②）。

(3)　事前確定届出給与とは

　事前確定届出給与とは、その役員の職務につき所定の時期に、確定した額の金銭又は確定した数の株式（出資を含む）もしくは新株予約権もしくは確定した額の金銭債権に係る特定譲渡制限付株式もしくは特定新株予約権を交付する旨の定め（以下「事前確定届出給与に関する定め」という）に基づいて支給される給与で、上記(2)の「定期同額給与」及び「業績連動給与」のいずれにも該当しないものをいう（法法34①二）。

（4）　**事前確定届出給与に関する届出期限**

事前確定届出給与に関する届出期限は、次のようになる（法令69④）。

　①　原　則

事前確定届出給与に関する定めをした場合は、原則として、次のイ又はロのうちいずれか早い日までに所定の届出書を提出する必要がある。

イ　株主総会等の決議によりその定めをした場合におけるその決議をした日（その日が職務執行開始日後である場合には、職務執行開始日）から1か月を経過する日

　　なお、職務執行開始日とは、その役員がいつから就任するなど個々の事情によるが、例えば、定時株主総会によって役員に選任された者で、その日に就任した者及び役員に再任された者にあっては、その定時株主総会の開催日となる（法基通9−2−16）。

ロ　その会計期間開始の日から4か月（確定申告書の提出期限の延長の特例に係る税務署長の指定を受けている法人はその指定に係る月数に3を加えた月数）を経過する日

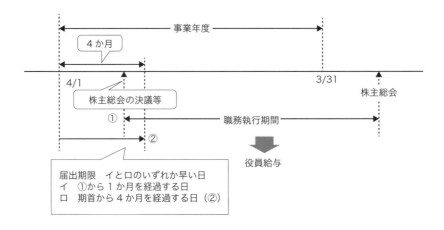

② 臨時改定事由が生じたことにより事前確定届出給与に関する定
めをした場合

臨時改定事由が生じたことによりその臨時改定事由に係る役員の職務
について事前確定届出給与に関する定めをした場合には、次に掲げる日
のうちいずれか遅い日が届出期限になる。

イ 前記①のイ又はロのうちいずれか早い日

ロ 臨時改定事由が生じた日から1か月を経過する日

③ 事前確定届出給与に関する定めを変更する場合

既に前記①又は②の届出をしている法人が、その届出をした事前確定
届出給与に関する定めの内容を変更する場合において、その変更が次に
掲げる事由に基因するものであるときのその変更後の定めの内容に関す
る届出の届出期限は、次に掲げる事由の区分に応じてそれぞれ次に定め
る日になる。

イ 臨時改定事由

その事由が生じた日から1か月を経過する日

ロ 業績悪化改定事由

その事由によりその定めの内容の変更に関する株主総会等の決議を
した日から1か月を経過する日（変更前の直前の届出に係る定めに基
づく給与の支給の日がその1か月を経過する日前にある場合には、そ
の支給の日の前日）

④ やむを得ない事情がある場合

前記①から③までの届出期限までに届出がなかった場合においても、
その届出がなかったことについてやむを得ない事情があると認めるとき
は、それらの届出期限までに届出があったものとして事前確定届出給与
の損金算入をすることができる。

5 事前確定届出給与に関する留意点

事前確定届出給与に関する届出書を提出した法人が、次のような状況
になったとしても、役員に対する支給額が損金算入されるという国税庁

の回答が質疑応答事例に記載されていることから、参照のうえ実務において活用していただきたい。

　なお、【回答要旨】のうち（理由）は省略しているため、（理由）については国税庁の質疑応答事例を参照いただきたい。

※1　「事前確定届出給与に関する届出書」を提出している法人が特定の役員に当該届出書の記載額と異なる支給をした場合の取扱い（事前確定届出給与）

【照会要旨】

　当社は、所轄税務署に「事前確定届出給与に関する届出書」を提出期限内に提出していますが、Ａ役員に対してのみ当該届出書の記載額と異なる金額を支給しました。

　この場合において、Ａ役員に支払った役員給与は損金算入できなくなると考えられますが、Ａ役員以外の他の役員に係る役員給与についても同様に法人税法第34条第1項第2号に該当しなくなり、損金算入できなくなるのでしょうか。

【回答要旨】

　「事前確定届出給与に関する届出書」の記載額と同額を支給したＡ役員以外の他の役員に係る役員給与については、法人税法第34条第1項第2号に該当し、損金算入することができます。

（理由）　省略

※2　定めどおりに支給されたかどうかの判定（事前確定届出給与）

【照会要旨】

　当社（年1回3月決算の同族会社）では、Ｘ年6月26日の定時株主総会において、取締役Ａに対して、定期同額給与のほかに、同年12月25日及びＸ＋1年6月25日にそれぞれ300万円の金銭を支給する旨の定めを決議し、届出期限までに所轄税務署長へ届け出ました。

　この定めに従い、当社は、Ｘ年12月25日には300万円を支給しましたが、Ｘ＋1年6月25日には、資金繰りの都合がつかなくなったため、50万円しか支給しませんでした。

この場合、X年12月25日に届出どおり支給した役員給与についても、損金の額に算入されないこととなるのでしょうか。

【回答要旨】

X年12月25日に届出どおり支給した役員給与については、損金の額に算入して差し支えありません。

（理由）　省略

※3　職務執行期間の中途で支給した事前確定届出給与（事前確定届出給与）

【照会要旨】

当社（年1回3月決算）では、X年5月26日の定時株主総会において、取締役Aに対して、定期同額給与のほかに、「X年5月26日からX＋1年5月25日までの役員給与としてX年6月30日及び同年12月25日にそれぞれ300万円を支給する」旨の定めを決議し、届出期限までに所轄税務署長へ届け出ました。

この定めに従って支給したX年6月30日及び同年12月25日の役員給与は、法人税法第34条第1項第2号（役員給与の損金不算入）に規定する所定の時期に確定した額の金銭を交付する旨の定めに基づいて支給する給与として、当期X＋1年3月期）において損金の額に算入して差し支えないでしょうか。

【回答要旨】

貴社が、役員への賞与の支給時期を使用人への盆暮れの賞与と同じ時期とし、かつ、毎期継続して同時期に賞与の支給を行っているなど、支給時期が一般的に合理的に定められているような場合であれば、上記のような支給形態を採るからといって、その損金算入をすることができないということはありません。

（理由）　省略

> **[9] 法人所有不動産の売却に係る税務相談に対する助言誤りにより、過大納付法人税額が発生した事例**

1 事故事例

　本件事例は、グループ法人税制における事故であるが、グループ法人税制は平成22年度税制改正において創設された制度であり、グループ法人間の取引であればグループ法人税制が強制適用されるため、想定外の事故を招きかねない税制であるといえる。

(1) 事故の概要

　税理士は、平成29年12月、依頼者法人から平成30年5月期の所有不動産の売却による譲渡損失計上（譲渡益が生じる不動産売却があるため、譲渡損失計上による税負担軽減効果を目的とするもの）のための譲渡方策について相談を受け、関係会社と役員個人のいずれに売却した場合も、譲渡損失計上額は同額となり、税効果は同じである旨回答した。

　その相談回答を受け、依頼者法人は関係会社へ譲渡損失が生じる不動産売却を、平成30年3月と平成30年10月に実行し、税理士は、平成30年5月期及び令和元年5月期法人税確定申告について、関係会社へ譲渡した不動産に係る譲渡損失を損金計上して申告書を作成提出したが、後日損金計上できないことが発覚し、依頼者法人から損害賠償請求を受けた。

　なお、平成30年5月期は法人税修正申告書により対応したが、令和元年5月期については、譲渡損益調整勘定繰入額よりも平成30年5月期修正申告に伴う事業税認容額が大きいため減額更正処分となった。

(2) 事故発覚の経緯

　令和元年8月、税務調査を受け、調査担当官から関係会社へ譲渡した不動産に係る譲渡損失については、グループ法人税制の適用があるので損金計上できない旨の指摘を受け、本件過誤が発覚した。

(3)　事故の原因

依頼者法人から不動産売却による譲渡損失計上のため、関係会社と現社長へ譲渡の場合のそれぞれの税負担の相談を受けたが、税理士の勘違いによりいずれの場合も税負担は同じである旨の回答を行ってしまったため、税理士からの回答に基づき、依頼者法人は関係会社へ所有不動産の売却を実行した。

(4)　税賠保険における判断

譲渡損失計上額否認による税額は、本来納付すべき税額ではあるが、依頼者法人から事前に相談を受けた際に税理士が正しい法令取扱いの説明をしていた場合には、グループ法人税制の適用のない現社長個人への譲渡が実行されていたと認められること、また関係会社株式の一部譲渡による完全支配関係の解消策の採用についても可能であったと認められることから、譲渡損失計上額否認による税額について税理士に責任ありと判断された。

所有不動産をどこに売却すれば税務上効果的か等の相談は、課税要件の事実発生前に行う税務にかかわる指導・助言に該当することから、発生した過大納付法人税額等は事前税務相談業務担保特約の保険金支払対象となった。

(5)　支払保険金

過大納付法人税額約3,200万円より税効果による回復額10万円を差し引いた約3,190万円を認容損害額としたが、税賠保険の支払限度額が1,000万円であったため、1,000万円が保険金として支払われた。

なお、グループ法人税制においては、本件の譲渡損益調整資産が取得した関係会社から移転した場合、もしくは完全支配関係を有しないこととなった場合には、依頼者法人の譲渡損益調整勘定繰入額が損金算入されることとなるため損害が回復する。

その場合は、支払われる保険金を返金することを条件に、保険金が支払われた。

2 事故事例の要因

(1) グループ法人間の資産の譲渡取引

　現行制度上、グループ内で資産の譲渡等を行った場合であっても、実現主義により譲渡損益を認識して課税所得に反映させることになるが（下記図表の左欄参照）、次のような指摘があることを踏まえ平成22年度税制改正により、グループ通算制度（旧連結納税制度）における法人間の損益の調整制度を改組しグループ法人間の資産の譲渡取引等に係る調整措置が設けられた。

> ・現状、資産に対する支配を継続したまま、税負担の調整を行うことが可能となっている。
> （例）黒字を減少させるため、含み損を有する資産をグループ内の別の100％子法人に譲渡して損失を計上する。
> ・グループ内での経営資源の再配置に対し、過重な税負担を求める懸念があり、事業活動を阻害することになりかねない。

　なお、調整措置とは、グループ法人間の資産の譲渡取引等についても時価により行うこととするとともに譲渡法人における譲渡損益を繰延べるが、その後、譲受法人において一定事由が生じた場合には、譲渡法人の繰延額の全部又は一部を戻入れする措置をいう（下記図表の右欄参照）。

国税庁資料

100％グループ内の法人間の資産の譲渡取引等

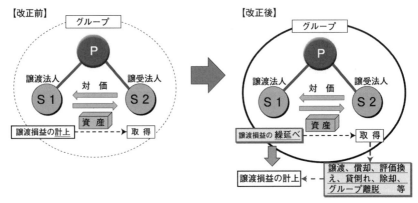

なお、譲渡損益調整資産とは、固定資産・土地（土地の上に存する権利を含み、固定資産に該当するものを除く）・有価証券・金銭債権及び繰延資産などをいい（法法61の13①）、グループ通算制度と同様に事務負担等を考慮し棚卸資産・少額資産等は除外されている。

(2) 調整措置は強制適用される

依頼者法人と関係会社はグループ法人間であり、グループ法人間での資産の譲渡取引等には調整措置が設けられており、その調整措置が強制適用されることを承知していなかったもの（本件事例は税理士の勘違いのようである）と思われる。

3 事故事例からの教訓（落とし穴）

・グループ法人税制は強制適用される
・法人間取引の場合には各法人の株主構成の確認が必須
・税理士に支払われる保険金は返金する条件で支払われた

(1) グループ法人税制は強制適用される

グループ法人税制は、制度が創設されて10年以上経過しているが、実務において認知度は低いものと想定される。

税務調査の場面などで、グループ法人税制を理解していなかったことを悔やむことも多いのではないものと思われるが、次の(2)により法人間取引の場合には、事前に法人の株主構成を確認しておく必要がある。

(2) 法人間取引の場合には各法人の株主構成の確認が必須

平成22年4月1日以後に開始する事業年度から、他の法人との間に完全支配関係がある法人の確定申告書の添付書類に、その法人との間に完全支配関係がある他の法人との関係を示す出資関係図（出資関係を系統的に記載した図：107頁【参考資料】を参照）が追加されている（法規

35 四）。

　出資関係図は、個人の6親等血族等を網羅的に記載することを求める趣旨ではなく、グループ法人間の取引等（資産の譲渡取引等・寄附・受取配当等）に関連する直接取引のある法人及び中小企業特例の適用の有無に関する判定が可能となる範囲内の法人について記載があれば足りるものと考えられている。

　グループ法人税制は強制適用されることから、法人間で取引を行う場合には、事前にそれぞれの法人について、上記の出資関係図又は法人税申告書の別表二などにより株主構成を確認しておくことが肝要である。

⑶　税理士に支払われる保険金は返金する条件で支払われた

前記の**1**事故事例⑸支払保険金には、次の記述がある。

> 　なお、グループ法人税制においては、本件の譲渡損益調整資産が取得した関係会社から移転した場合……には、依頼者法人の譲渡損益調整勘定繰入額が損金算入されることとなるため損害が回復する。
> 　その場合は、支払われる保険金を返金することを条件に、保険金が支払われた。

　上記から、税理士に支払われる保険金は、その後、依頼者法人において譲渡損益調整資産の損金算入が認められれば（グループ法人以外の法人に移転等）、税負担が減少し損害が回復することから、その場合には税理士が保険会社に返金することが条件になっている。

　税理士が受け取った保険金は、損害賠償請求を行った依頼者法人に支払われた後、依頼者法人が譲渡損益調整資産の損金算入が認められた時点で、税理士に保険金を返還すれば、税理士は保険会社に保険金を返金することができる。

　しかし、依頼者法人が税理士から受け取った保険金は、税務判断の誤りに対する損害補てんと認識していれば、譲渡損益調整資産の損金算入

が認められたとしても、税理士に返金することは考えにくい。

　現実には、税理士は依頼者法人からの返金を受けることなしに、自己負担で保険会社に保険金を返金する事態が多くなるのではないだろうか。

　また、税理士が受け取った保険金を依頼者法人に損害賠償金として支払った時点で、顧問契約が解除され、依頼者法人の譲渡損益調整資産の損金算入が把握できないこともあり得る。

　そのような状況で、損金算入時期が不明の場合には、どのような対応をすべきなのかも保険契約時に確認すべきと思われる。

4　グループ法人税制の仕組み

⑴　グループ法人税制が適用される取引

　グループ法人間では、資産の譲渡取引等以外に次の取引についても、グループ法人税制が適用される。

　　①　グループ法人間の寄附金・受贈益

　完全支配関係がある内国法人間の寄附について、支出法人において全額損金不算入とされるとともに（法法37②）、受領法人において全額益金不算入とされる（法法25の2①）。

　　②　グループ法人間の受取配当等の益金不算入計算における負債利　　　　子非控除

　完全支配関係がある内国法人からの受取配当等について益金不算入制度を適用する場合には、負債利子控除を適用しない（法法23①・④・⑤）。

　　③　グループ法人間の株式の発行法人への譲渡に係る損益の非計上

　完全支配関係がある内国法人の株式を発行法人に対して譲渡する場合には、その譲渡損益を計上しない（法法61の2⑯）。

　　④　大法人の100％子法人等に対する中小企業特例の不適用

　大法人（資本金の額が5億円以上の法人等）の100％子法人等に対し、中小企業特例（軽減税率等）は適用されない（法法66⑥ニ・イ他）。

(2) 完全支配関係

グループ法人税制が適用される完全支配関係とは、基本的には次の2つの関係をいう（法法２十二の七の六、法令４の２②）。

① 当事者間の完全支配関係

一の者が法人の発行済株式等の100％を直接又は間接に保有する関係をいう。

② 法人相互の完全支配関係

一の者との間に上記①の関係（当事者間の完全支配関係）がある法人間の相互の関係をいう。

国税庁資料を一部修正

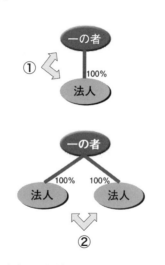

(3) 発行済株式等の全部を直接又は間接に保有する関係

発行済株式等の全部を直接又は間接に保有する関係とは、一の者が法人の発行済株式等の全部を保有する場合におけるその一の者とその法人との間の関係（以下、「直接完全支配関係」という）とされ、その一の者及びこれとの間に直接完全支配関係がある一若しくは二以上の法人又はその一の者との間に直接完全支配関係がある一若しくは二以上の法人が他の法人の発行済株式等の全部を保有するときは、その一の者は当該他の法人の発行済株式等の全部を保有するものとみなすこととされている（法令４の２②）。

つまり、100％グループ内の親と子の関係・親と孫の関係・親と曾孫の関係・子と孫の関係及び子同士の関係のいずれも完全支配関係になる。

5 グループ法人税制の留意点

前記 **1** 事故事例 ⑷税賠保険における判断では、「関係会社株式の一部譲渡による完全支配関係の解消策の採用についても可能であったと認められることから」という記述があるが、次のように、株式の一部譲渡による完全支配関係の解消策が「同族会社の行為計算の否認（法人税法132条）」の規定により認められなかった裁決があることに留意すべきである。

※「完全支配関係」外しが認められなかった事例（平成28年1月6日裁決）

① 請求人X社（従業員約1,000名を擁する同族会社）は、平成22年12月27日に第三者割当増資を行い、X社の経理部長が1％の株式を取得した（手続は適正に行われた）。

② ①により完全支配関係が解消された後、X社はY社に不動産を譲渡し、譲渡損を損金の額に算入した。

③ 原処分庁は、法人税法132条（同族会社の行為又は計算の否認）第1号の規定を適用して、譲渡損の損金の額への算入を否認したことから、請求人は国税不服審判所にその取り消しを求めた。

④ 請求人の主張は、次により認められなかった。

イ 第三者割当増資は、約1,000名の従業員のうち、経理部長一人に行っており、他の従業員には募集の周知をしていない。

ロ 第三者割当増資による「グループ法人税制」の適用回避の立案・検討に深く関与した者であった。

ハ 経理部長は、第三者割当増資に当たり、その財産状況や経営状況等を具体的に検討ないし勘案した形跡がなかった。

ニ 上記に鑑みれば、第三者割当増資は、経済的・実質的見地において純粋経済人として不合理・不自然な行為であり、請求人は、第三

者割当増資によって請求人とY社間の「完全支配関係」を解消し、「グループ法人税制」の適用を免れ、譲渡損を損金の額に算入し、法人税を不当に減少させたものと認定された。

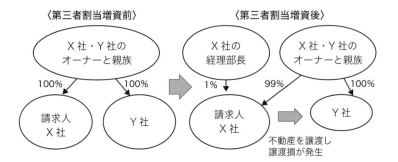

〈第三者割当増資前〉

X社・Y社の
オーナーと親族

100% 100%

請求人
X社

Y社

〈第三者割当増資後〉

X社の
経理部長

X社・Y社の
オーナーと親族

1% 99% 100%

請求人
X社

Y社

不動産を譲渡し
譲渡損が発生

【参考資料】

(1) 出資関係を系統的に記載した図

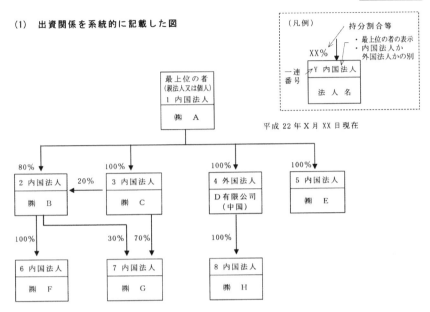

平成 22 年 X 月 XX 日現在

（注） 1　原則として、グループ内の最上位の者及びその最上位の者との間に完全支配関係があるすべての法人を記載してください。

　　　 2　グループ法人が外国法人である場合には、法人名の下にその所在地国を記載してください。

(2) グループ一覧

平成 22 年 X 月 XX 日現在

一連番号	所轄税務署名	法人名	納　税　地	代表者氏名	事業種目	資本金等（千円）	決算期	備考
1	麹町	㈱ A	千代田区大手町 1-3-3	a	鉄鋼	314,158,750	3. 31	
2	仙台北	㈱ B	仙台市青葉区本町 3-3-1	b	機械修理	34,150,000	6. 30	

（注） 1　一連番号は、上記(1)の出資関係を系統的に記載した図の一連番号に合わせて付番してください。

　　　 2　最上位の者が個人である場合には、その氏名を「法人名」欄に記載してください。

（出資関係図の作成に当たって）

1　出資関係図は、期末時点における状況に基づいて記載します。

2　出資関係図には、当該法人との間に完全支配関係があるグループ内の最上位の者（法人又は個人）を頂点として、その出資関係を系統的に記載します。

3　グループ全体の出資関係図を作成することになりますから、グループ内のすべての法人の決算期が同一の場合には、各法人の確定申告書には同一の出資関係図をそれぞれに添付することになります（決算期が異なる法人がグループ内に存している場合には、その異なる決算期末の時点の出資関係図を作成し、当該法人の確定申告書に添付することになります。）。

4　出資関係図には、出資関係を系統的に図に示すほか、グループ内の各法人の法人名、納税地、所轄税務署、代表者氏名、事業種目、資本金等の額、決算期などの項目を記載していただくことになりますが、グループ内の法人が多数である場合には、これらすべての記載項目を記入することは困難ですから、前ページの作成例のとおり、系統図とは別の様式で作成して差し支えありません。

【適用関係】

　平成22年4月1日以後に開始する事業年度の所得に対する法人税及び同日以後に開始する連結事業年度の連結所得に対する法人税について適用されます。

【関係法令】

　　法2十二の七の六
　　法規35四、37の12五
　　改正法規附則2①

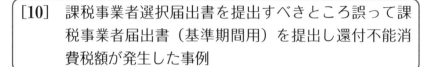

4　消費税の保険事故事例

[10]　課税事業者選択届出書を提出すべきところ誤って課
　　　税事業者届出書（基準期間用）を提出し還付不能消
　　　費税額が発生した事例

1　事故事例

　消費税の事故事例のうち、最も多い事故は届出書の提出失念であるが、
本事例は本来提出すべき届出書と別の届出書を提出してしまったことに
よる事故である。

⑴　事故の概要

　税理士は平成28年11月、依頼者法人から輸出業を平成30年9月期よ
り本格的に行う旨と、これに伴う消費税還付のため消費税課税事業者と
なるための届出書提出手続の依頼を受けたが、誤って消費税課税事業者
届出書（基準期間用）を提出してしまった。

　平成30年11月30日、担当職員は平成30年9月期消費税確定申告書を
提出したが、翌月、税務署より消費税課税事業者選択届出書が提出され
ていないため消費税は還付されない旨の連絡を受け、過誤が発覚した。

　その後、税理士は決算期変更及び消費税課税事業者選択届出書の提出
をすることで損害の拡大を防止し、平成30年9月期課税事業者選択の救
済を受けるべく陳情書を提出したが、税務署に認められなかった。

　その結果、還付不能消費税額が発生したとして、税理士は依頼者法人
から損害賠償請求を受けた。

⑵　事故発覚の経緯

　税務署より消費税課税事業者選択届出書が提出されていないため消費
税は還付されない旨の連絡を受け、過誤が発覚した。

⑶ **事故の原因**

税理士の勘違いにより、本来提出すべき届出書と別の届出書を提出してしまったため。

⑷ **税賠保険における判断**

税理士は、依頼者法人から報告及び届出書作成依頼を受けて、平成30年9月期から課税事業者となって消費税額の還付を受けるため「消費税課税事業者選択届出書」を提出すべきところ、誤って「消費税課税事業者届出書（基準期間用）」を提出したことから、税理士に責任ありと判断された。

⑸ **支払保険金**

還付不能消費税額約1,200万円から税効果による回復額約260万円を差し引いた約940万円を認容損害額とし、免責金額30万円を控除した約910万円が保険金として支払われた。

2 事故事例の要因

⑴ **消費税の各種届出書**

本件事例は、依頼者法人から「消費税課税事業者選択届出書」の提出依頼を受けたにもかかわらず、税理士は誤って「消費税課税事業者届出書（基準期間用）」を提出してしまったことによるものである。

消費税の事業者は、消費税法に定められている各種届出のうち、必要な状況に該当する事実が発生した場合及び承認又は許可を受ける必要が生じた場合には、納税地の所轄税務署長に対して、各種届出書・申請書等を提出しなければならないが、各種届出書のうち、その一部を掲げると次のようになる。

消費税の各種届出書と提出期限等

届出書名	届出が必要な場合	提出期限等
消費税課税事業者届出書（基準期間用）	基準期間における課税売上高が1,000万円超となったとき	事由が生じた場合速やかに
消費税課税事業者届出書（特定期間用）	特定期間における課税売上高が1,000万円超となったとき	事由が生じた場合速やかに
消費税の納税義務者でなくなった旨の届出書	基準期間における課税売上高が1,000万円以下となったとき	事由が生じた場合速やかに
消費税課税事業者選択届出書	免税事業者が課税事業者になることを選択しようとするとき	選択しようとする課税期間の初日の前日まで
消費税課税事業者選択不適用届出書	課税事業者を選択していた事業者が免税事業者に戻ろうとするとき	選択をやめようとする課税期間の初日の前日まで
消費税簡易課税制度選択届出書	簡易課税制度を選択しようとするとき	適用を受けようとする課税期間の初日の前日まで
消費税簡易課税制度選択不適用届出書	簡易課税制度の選択をやめようとするとき	適用をやめようとする課税期間の初日の前日まで

(2) 消費税課税事業者届出書（基準期間用）の効力

「消費税課税事業者届出書（基準期間用）」は、事業者の基準期間における課税売上高が1,000万円を超えた場合において、その課税期間（下図の場合はX3.4.1 〜 X4.3.31）について消費税の納税義務が免除されないことになった場合において、提出するものである（消法57①）。

この届出書は、提出すべき事由が生じた場合には速やかに提出することになっているが、この届出書の提出を失念したとしても、事業者の納税義務が免除されないことに対し影響はない。

国税庁資料

○ 法人（３月末決算）の場合の基準期間と課税期間

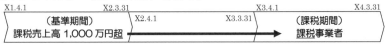

(3) 消費税課税事業者選択届出書の効力

「消費税課税事業者選択届出書」は、事業者の基準期間における課税

売上高が1,000万円以下である課税期間において、納税義務の免除の適用を受けないこと、つまり、免税事業者が課税事業者になることを選択しようとする場合に提出するものである（消法9④）。

この届出書の効力は、提出した日の属する課税期間の翌課税期間から生ずるため、課税事業者となることを選択しようとする課税期間の初日の前日までに提出しなければならないことになる。

なお、この届出書の提出を失念した場合には、免税事業者が課税事業者を選択しようとする課税期間に課税事業者になることができないことになる。

3 事故事例からの教訓（落とし穴）及び関連事項

> ・本件事例は提出すべき届出書の提出誤り。
> ・免税事業者に関連する事故は届出書の提出失念が多い。

(1) 本件事例は提出すべき届出書の提出誤り

消費税の届出書のうち、「消費税課税事業者届出書」と「消費税課税事業者選択届出書」は「選択」という文言が入るか入らないかという僅かの違いであるが、その効力は全く異なる。

「消費税課税事業者届出書」は提出失念したとしても、免税事業者が課税事業者になるということに変わりはないが、「消費税課税事業者選択届出書」を提出失念すると免税税事業者が課税事業者になることが認められないことになり、予定していた消費税額の還付を受けることができないなど多大な影響を及ぼすことになる。

本件事例は届出書の提出失念ではないが、提出すべき届出書の種類を誤ったことにより、依頼者法人に損害を与えたものであることから、税理士が依頼者法人から損害賠償請求を受けたとしてもやむを得ないものといえる。

税理士（職員等を含め）が提出しようとする届出書は、依頼者法人の

依頼目的に沿った届出書であることに誤りがないか、複数で再確認のう
え所轄税務署長へ提出すべきである。

(2) 免税事業者に関連する事故は届出書の提出失念が多い

　消費税の届出書の提出失念に関連する事故は、直近3年間では、下表
のように「課税事業者選択届出書・課税事業者選択不適用届出書」と「簡
易課税制度選択届出書・簡易課税制度選択不適用届出書」の提出失念が
圧倒的に多いことが分かる（簡易課税制度に関連する事例は次の［11］
参照）。

　また、免税事業者に関連する届出書では、同じ提出失念であっても「課
税事業者選択届出書」が「課税事業者選択不適用届出書」の提出失念と
比較して4倍から5倍ほど多いことも分かる。

直近3年間の消費税の事故件数の推移

項　目	平成29年度	平成30年度	令和元年度
① 課税事業者選択届出書の提出失念	46件（18.3%）	35件（13.6%）	40件（15.9%）
② 課税事業者選択不適用届出書の提出失念	9件　（3.6%）	9件　（3.5%）	8件　（3.2%）
③ 簡易課税制度選択届出書の提出失念	39件（15.5%）	42件（16.3%）	44件（17.5%）
④ 簡易課税制度選択不適用届出書の提出失念	88件（35.1%）	93件（36.0%）	81件（32.1%）
①〜④の小計	182件（72.5%）	179件（69.4%）	173件（68.7%）
⑤ その他の事故	69件（27.5%）	79件（30.6%）	79件（31.3%）
消費税の事故件数	251件（100%）	258件（100%）	252件（100%）

4 消費税の免税事業者に対する取扱い

(1) 消費税の納税義務者（課税事業者）

　その課税期間（個人事業者は暦年・法人は事業年度）の基準期間（個
人事業者は前々年・法人は前々事業年度）における課税売上高が1,000
万円を超える事業者は、消費税の納税義務者（課税事業者）となる（消

法5)。

　また、基準期間における課税売上高が1,000万円以下であっても、特定期間における課税売上高が1,000万円を超えた場合は、その課税期間においては課税事業者となる（消法9の2①）。

　特定期間とは、個人事業者の場合はその年の前年の1月1日から6月30日までの期間、法人の場合は、原則として、その事業年度の前事業年度開始の日以後6か月の期間のことをいい、特定期間における1,000万円の判定は、課税売上高に代えて、給与等支払額の合計額により判定することもできる。

国税庁資料

例：個人事業者の場合の基準期間と課税期間

令和3年（基準期間）	令和4年（特定期間）1/1～6/30	令和5年（課税期間）
課税売上高		
1,000万円超	→	課税事業者
1,000万円以下	課税売上高等 1,000万円超 →	課税事業者
1,000万円以下	1,000万円以下 →	免税事業者

令和3年の課税売上高が1,000万円超の場合には、令和5年は課税事業者となります。また、令和3年の課税売上高が1,000万円以下であっても、特定期間における課税売上高等が1,000万円超の場合には、令和5年は課税事業者となります。
注：輸入品にかかる消費税については、事業者以外も納税義務者となります。

(2)　消費税の免税事業者

　免税事業者とは、基準期間の課税売上高及び特定期間の課税売上高等が1,000万円以下の事業者をいい、その年（又は事業年度）の納税義務は免除されるが（消法9①・9の2①）、下記(3)により免税事業者であっても課税事業者となることを選択することができる。

(3)　免税事業者が課税事業者を選択する場合

　免税事業者は、課税資産の譲渡等を行っても、その課税期間は消費税

が課税されないことになるとともに、課税仕入れに係る消費税額の控除もできないことになる（課税売上げに係る消費税額よりも課税仕入れ等に係る消費税額が多い場合でも、還付を受けることはできない）。

本件事例の輸出業者のように経常的に消費税額が還付になる事業者等は、課税事業者となることを選択することによって還付を受けることができることになる。

免税事業者が課税事業者となるためには、納税地の所轄税務署長に「消費税課税事業者選択届出書」を提出することが必要になるが、この届出書は原則として、適用を受けようとする課税期間の初日の前日までに提出することが必要である（消法9④）。

また、この届出書を提出した事業者は、事業を廃止した場合を除き、原則として、課税事業者となった日から2年間は免税事業者に戻ることはできない（消法9⑥）。

⑷ 課税事業者選択不適用届出書の提出

課税事業者を選択している事業者が、免税事業者に戻ろうとする場合には、免税事業者に戻ろうとする課税期間の初日の前日までに「消費税課税事業者選択不適用届出書」を提出する必要がある（消法9⑤）。

なお、「消費税課税事業者選択不適用届出書」を提出した場合には、提出があった日の属する課税期間の翌課税期間からその効力が生ずる（消法9⑧）

5　消費税の免税事業者に対する留意点
⑴　免税事業者に対するインボイス制度の経過措置
①　免税事業者がインボイス制度の登録を受ける場合

令和5年10月1日からインボイス制度から施行されるが、免税事業者が令和5年10月1日の属する課税期間中に適格請求書発行事業者の登録を受けることとなった場合には、登録日から課税事業者となる経過措置（優遇措置）が設けられている。

　したがって、この経過措置の適用を受けることとなる場合は、登録日から課税事業者となり、登録を受けるに当たり、消費税課税事業者選択届出書を提出する必要はない。

　なお、経過措置の適用を受けて適格請求書発行事業者の登録を受けた場合、登録日から課税事業者となり、基準期間の課税売上高にかかわらず、登録日から課税期間の末日までの期間について、消費税の申告が必要となる。

　②　課税事業者として消費税の確定申告が必要となる期間（個人事業者の場合）

　令和5年分について免税事業者である個人事業者が令和5年10月1日から適格請求書発行事業者の登録を受けた場合には、登録日である令和5年10月1日以降は課税事業者となるため、令和5年10月1日から令和5年12月31日までの期間に行った課税資産の譲渡等について、令和5年分の消費税の申告が必要となる。

国税庁資料

免税事業者に係る登録の経過措置

（例）　免税事業者である個人事業者が令和5年10月1日に登録を受けるため、令和5年3月31日までに登録申請書を提出し、令和5年10月1日に登録を受けた場合

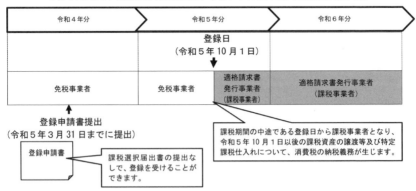

⑵　令和4年度税制改正における更なる優遇措置

　前記⑴の経過措置により、免税事業者がインボイス制度を受け入れやすくするための優遇措置が設けられているが、令和4年度税制改正では、

下表のように更なる優遇措置が設けられた。

　具体的には、免税事業者はインボイス制度施行後6年間であれば、課税期間の中途からの適格請求書発行事業者の登録が可能となった。

　しかし、適格請求書発行事業者の登録した後に免税事業者に戻るためには、2年縛りの制限が付されていることにも留意すべきである（登録が令和5年10月1日の属する課税期間以外の場合）。

自民党税制調査会資料を一部修正

【現行】
○免税事業者が適格請求書発行事業者の登録を申請した場合、令和5年10月1日の属する課税期間においては、経過措置により、課税期間の途中でも登録を受けた日から適格請求書発行事業者となることができる。
○一方、その後の課税期間においては、**課税期間の途中からの登録を受けることはできない。**
※課税事業者選択届出書と登録申請書を提出し、翌課税期間から登録を受けることとなる。
【見直し後】
○免税事業者が登録の必要性を見極めながら柔軟なタイミングで適格請求書発行事業者となれるようにするため、令和5年10月1日から令和11年9月30日の属する課税期間においても、**課税期間の途中からの登録を可能とする**（簡易課税の適用も可能とする。）
（注1）課税事業者選択届出書を提出することで課税転換した場合とのバランスを考慮し、登録開始日から2年を経過する日の属する課税期間までの間は、事業者免税点制度の適用を制限する（令和5年10月1日の属する課税期間を除く）。
（注2）令和4年4月1日施行

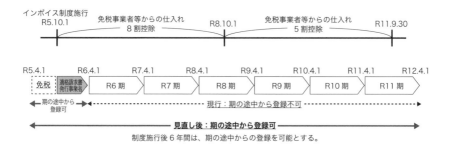

制度施行後6年間は、期の途中からの登録を可能とする。

> **[11]** 簡易課税制度選択不適用届出書の提出失念により過大納付消費税額が発生した事例

1 事故事例

　消費税の事故事例のうち、簡易課税制度選択不適用届出書の提出失念が最も多いが、本件事例はその最も多い事故に該当する。

(1) 事故の概要

　税理士は、平成27年12月期、依頼者法人から貸付用建物購入計画の報告を受け、消費税還付の説明を行い、翌年1月に消費税還付のシミュレーションを報告したが、簡易課税制度選択の有無の確認を怠った。

　その後、3月に課税事業者選択届出書（平成28年4月1日適用開始）を提出し、依頼者法人は4月に賃貸用建物売買契約書を締結し賃貸を開始した。

　平成29年5月、平成29年3月期決算申告作業の際、簡易課税制度適用事業者であることが判明し、本件過誤が発覚した。翌日、税理士は依頼者法人に過誤を報告したところ、依頼者法人から損害賠償請求を受けた。

(2) 事故発覚の経緯

　平成29年3月期決算申告作業の際、税務署より送付されてきた消費税の確定申告書が簡易課税用であったことから簡易課税適用事業者であることが判明し、事故が発覚した。

(3) 事故の原因

　税理士は、依頼者法人から平成27年12月にビル購入の報告を受け、翌年1月に消費税還付のシミュレーションを示した際に還付申告手続きの依頼を受けたが、簡易課税制度が選択されているか否かの確認を怠ったため。

(4) 税賠保険における判断

簡易課税制度選択不適用届出書の提出を失念し、平成29年3月期の消費税申告が簡易課税制度適用となったことは、税理士に責任ありと判断された。

(5) 支払保険金

過大納付消費税額約950万円から税効果による回復額約350万円を差し引いた約600万円を認容損害額とし、免責金額30万円を控除した約570万円が保険金として支払われた。

なお、本件事故は「調整対象固定資産を取得した場合の納税義務の免除の特例」に該当するため、原則課税で還付が受けられた場合には、3年間原則課税の課税事業者として拘束される。したがって、簡易課税が適用でき有利な場合には、損害期の翌期及び翌々期の簡易課税と原則課税との差額が回復額となる。

2 事故事例の要因

「消費税簡易課税制度選択不適用届出書」の提出失念の要因は、次の(1)と(2)に区分される。

(1) 依頼者が簡易課税適用事業者であることを承知していた場合

税理士は、依頼者が簡易課税適用事業者であることを承知していて、翌課税期間は簡易課税方式より原則課税方式の方が有利になることが明らかであり、翌課税期間開始日の前日までに届出書を提出すれば、その有利な原則課税方式により消費税の計算できる状況でありながら、「消費税簡易課税制度選択不適用届出書」の提出失念したケースである。

具体的には、令和2年度では次のような事故事例がある。

簡易課税方式より原則課税方式の方が 有利な状況	提出失念の要因
依頼者より雇用者2名が退職することになり、外注費が多く見込まれるとの報告を受け、これを踏まえて検討したところ、簡易課税方式より原則課税方式の方が有利になると判断した。	税理士は、納税額のシミュレーション作業を優先して行い、簡易課税方式より原則課税方式が有利になることを依頼者に報告したことで安心してしまい、提出期限までに簡易課税制度選択不適用届出書の提出を怠ったしまった。

⑵ 依頼者が簡易課税適用事業者であるか否か不明の場合

　本件事例は前頁⑴と異なり、税理士は依頼者が簡易課税適用事業者であるか否か不明の状況で、簡易課税方式より原則課税方式の方が有利になることが判明していた場合であり、それにもかかわらず、税理士は事業者が「消費税簡易課税制度選択届出書」の提出をしていたか否かの確認を怠っていたものである。

　本件事例は、平成28年3月には課税事業者選択届出書（平成28年4月1日適用開始）を提出し、依頼者法人は4月から賃貸用建物売買契約書を締結し賃貸を開始していることから、税理士は平成28年3月の時点で依頼者法人が「消費税簡易課税制度選択届出書」の提出をしていないと思い込んでいたものと想定できる。

簡易課税方式より原則課税方式の方が 有利な状況	提出失念の要因
税理士は、平成27年12月期、依頼者法人から貸付用建物購入計画の報告を受け、消費税還付の説明を行い、翌年1月に消費税還付のシミュレーションを報告した。	税理士は、依頼者法人が簡易課税制度を選択しているか否かの確認を怠った。

3　事故事例からの教訓（落とし穴）及び関連事項

- ・本件事例は消費税の事故で最も多い事例
- ・本件事例は「消費税簡易課税制度選択届出書」の提出の有無を確認していないケース

(1)　本件事例は消費税の事故で最も多い事例

　消費税の届出書の提出失念に関連する事故は、直近3年間では、下表のように「簡易課税制度関係の届出書」と「免税事業者関係の届出書」の提出失念が圧倒的に多いことが分かる。

　さらに、「簡易課税制度の届出書」であっても「簡易課税制度選択不適用届出書」の提出失念が「簡易課税制度選択届出書」の提出失念と比較して2倍くらい多いことも分かるが、本件事例は消費税の最も多い事故に該当する。

直近3年間の消費税の事故件数の推移

項　目	平成29年度	平成30年度	令和元年度
①　簡易課税制度選択届出書の提出失念	39件（15.5%）	42件（16.3%）	44件（17.5%）
②　簡易課税制度選択不適用届出書の提出失念	88件（35.1%）	93件（36.0%）	81件（32.1%）
③　課税事業者選択届出書の提出失念	46件（18.3%）	35件（13.6%）	40件（15.9%）
④　課税事業者選択不適用届出書の提出失念	9件　（3.6%）	9件　（3.5%）	8件　（3.2%）
①～④の小計	182件（72.5%）	179件（69.4%）	173件（68.7%）
⑤　その他の事故	69件（27.5%）	79件（30.6%）	79件（31.3%）
消費税の事故件数	251件（100%）	258件（100%）	252件（100%）

(2)　本件事例は「消費税簡易課税制度選択届出書」の提出の有無を確認していないケース

　前記2で示したように、「消費税簡易課税制度選択不適用届出書」の提出失念には、次頁〈ケース1〉と〈ケース2〉に区分されるが、本件事故は〈ケース2〉に該当する。

　依頼者が、「消費税簡易課税制度選択届出書」の提出の有無を覚えていれば事故にはならないが、依頼者が届出書の提出を覚えていたり届出書控えを保存していることは少ない。

　そのため、通常は税理士（担当職員も含む）が所轄税務署に依頼者法

人について「消費税簡易課税制度選択届出書」提出の有無を確認することにより事故は防ぐことができる。

本件事例は、平成28年3月に「消費税課税事業者選択届出書」を所轄税務署長に提出しているが、その時点で「消費税簡易課税制度選択届出書」の提出の有無も所轄税務署に確認していれば、事故に至ることはなかった。

所轄税務署に対する確認作業を怠ることのないように、心掛けるべきである。

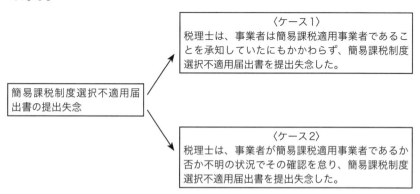

簡易課税制度選択不適用届出書の提出失念

〈ケース1〉
税理士は、事業者は簡易課税適用事業者であることを承知していたにもかかわらず、簡易課税制度選択不適用届出書を提出失念した。

〈ケース2〉
税理士は、事業者が簡易課税適用事業者であるか否か不明の状況でその確認を怠り、簡易課税制度選択不適用届出書を提出失念した。

4 簡易課税制度に対する取扱い

(1) 簡易課税制度のあらまし

簡易課税制度は、中小事業者の納税事務負担に配慮する観点から、事業者の選択により、売上げに係る消費税額を基礎として仕入れに係る消費税額を算出することができる制度である。

具体的には、納税地の所轄税務署長に「消費税簡易課税制度選択届出書」を提出した課税事業者は、その基準期間（個人事業者は前々年・法人は前々事業年度）における課税売上高が5,000万円以下の課税期間について、売上げに係る消費税額に、事業の種類の区分（事業区分）に応じて定められたみなし仕入率を乗じて算出した金額を仕入れに係る消費税額として、売上げに係る消費税額から控除することになる（消法37）。

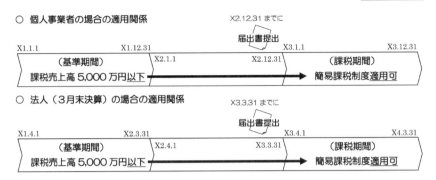

○ 個人事業者の場合の適用関係

○ 法人（３月末決算）の場合の適用関係

(2) みなし仕入率

簡易課税制度を適用するときの事業区分及びみなし仕入率は、次のとおりである（消法37①、消令57①・⑤・⑥）。

事業区分	みなし仕入率
第１種事業（卸売業）	90%
第２種事業（小売業、農業・林業・漁業（飲食料品の譲渡に係る事業に限る））	80%
第３種事業（農業・林業・漁業（飲食料品の譲渡に係る事業を除く）、鉱業、建設業、製造業、電気業、ガス業、熱供給業及び水道業）	70%
第４種事業（第１種事業、第２種事業、第３種事業、第５種事業及び第６種事業以外の事業）	60%
第５種事業（運輸通信業、金融業及び保険業、サービス業（飲食店業に該当するものを除く））	50%
第６種事業（不動産業）	40%

(3) みなし仕入率の計算方法

簡易課税制度を適用する場合の仕入控除税額の計算について、基本的な計算方法は次のようになる（消法37①、消令57②）。

① 第1種事業から第6種事業までのうち1種類の事業だけを営む
事業者の場合

（算式）

$$仕入控除税額 = \left(\begin{array}{l} 課税標準額に対 \\ する消費税額 \end{array} - \begin{array}{l} 売上げに係る対価の返還等 \\ の金額に係る消費税額 \end{array} \right)$$

$$\times みなし仕入率 \left\{ \begin{array}{ll} ・第1種事業 & 90\% \\ ・第2種事業 & 80\% \\ ・第3種事業 & 70\% \\ ・第4種事業 & 60\% \\ ・第5種事業 & 50\% \\ ・第6種事業 & 40\% \end{array} \right.$$

② 第1種事業から第6種事業までのうち2種類以上の事業を営む
事業の場合

イ　原則法

$$仕入控除税額 = \left(\begin{array}{l} 課税標準額に対 \\ する消費税額 \end{array} - \begin{array}{l} 売上げに係る対価の返還等 \\ の金額に係る消費税額 \end{array} \right)$$

$$\times \frac{\substack{第1種事 \\ 業に係る \\ 消費税額} \times 90\% + \substack{第2種事 \\ 業に係る \\ 消費税額} \times 80\% + \substack{第3種事 \\ 業に係る \\ 消費税額} \times 70\% + \substack{第4種事 \\ 業に係る \\ 消費税額} \times 60\% + \substack{第5種事 \\ 業に係る \\ 消費税額} \times 50\% + \substack{第6種事 \\ 業に係る \\ 消費税額} \times 40\%}{\substack{第1種事業に \\ 係る消費税額} + \substack{第2種事業に \\ 係る消費税額} + \substack{第3種事業に \\ 係る消費税額} + \substack{第4種事業に \\ 係る消費税額} + \substack{第5種事業に \\ 係る消費税額} + \substack{第6種事業に \\ 係る消費税額}}$$

ロ　簡便法

次のa及びbのいずれにも該当しない場合は、次の算式により計算し
ても差し支えない。

a　貸倒回収額がある場合

b　売上対価の返還等がある場合で、各種事業に係る消費税額からそ
れぞれの事業の売上対価の返還等に係る消費税額を控除して控除し
きれない場合

仕入控除税額＝

第1種事業に係る消費税額		第2種事業に係る消費税額		第3種事業に係る消費税額		第4種事業に係る消費税額		第5種事業に係る消費税額		第6種事業に係る消費税額
×90%	+	×80%	+	×70%	+	×60%	+	×50%	+	×40%

(4) 簡易課税制度の選択

　簡易課税制度の適用を受けようとする事業者は、その課税期間の初日の前日までに、「消費税簡易課税制度選択届出書」を納税地の所轄税務署長に提出することにより、簡易課税制度を選択することができる（消法37①）。

　なお、新規開業等した事業者は、開業等した課税期間の末日までにこの届出書を提出すれば、その課税期間から簡易課税制度の適用を受けることができる。

(5) 簡易課税制度の選択不適用

　簡易課税制度の適用を受けている事業者が、その適用をやめようとする場合には、その課税期間の初日の前日までに、「消費税簡易課税制度選択不適用届出書」を納税地の所轄税務署長に提出する必要がある（消法37⑤）。

　なお、簡易課税制度の適用を受けている事業者は、事業を廃止した場合を除き、2年間継続して適用した後でなければ、「消費税簡易課税制度選択不適用届出書」を提出して、その適用をやめることはできない（消法37⑥）。

(6) 基準期間の課税売上高が5,000万円を超える場合等

　「消費税簡易課税制度選択届出書」を提出している場合であっても、基準期間の課税売上高が5,000万円を超える場合には、その課税期間については、簡易課税制度が適用されない。

　なお、この届出書を提出した事業者のその課税期間の基準期間における課税売上高が5,000万円を超えることにより、その課税期間について簡易課税制度を適用できなくなった場合又はその課税期間の基準期間

における課税売上高が1,000万円以下となり免税事業者となった場合であっても、その後の課税期間において基準期間における課税売上高が1,000万円を超え5,000万円以下となったときには、その課税期間の初日の前日までに「消費税簡易課税制度選択不適用届出書」を提出している場合を除き、再び簡易課税制度が適用されることになる。

5 簡易課税制度に対する留意点

(1) 災害等により「消費税簡易課税制度選択届出書」の提出ができなかった場合

災害等のやむを得ない事情により、その課税期間開始前に消費税簡易課税制度選択（不適用）届出書の提出ができなかった場合には、「消費税簡易課税制度選択（不適用）届出書」に併せて「消費税簡易課税制度選択（不適用）届出書」を、やむを得ない事情がやんだ日から2月以内に納税地の所轄税務署長に提出し承認を受けることにより、その課税期間の初日の前日に消費税簡易課税制度選択（不適用）届出書を提出したものとみなされ、その課税期間から簡易課税の選択をし、又は選択をやめることができる（消法37⑧）。

上記の「やむを得ない事情」とは、震災・風水害・雪害・天災・火災その他人的災害で自己の責任によらないものに基因する災害等をいい、単に届出書の提出を失念したようなケースは含まれない（消基通13－1－5の2他）。

(2) 基準期間制度の見直しの可能性

日本税理士会連合会・税制審議会は、日本税理士会連合会・会長の諮問（消費税制における手続の簡素化について）に対する答申（令和3年4月9日）のなかで、下記のように「消費税の基準期間制度は廃止すべき」という考え方を示している。

答申が実現して、消費税の基準期間制度が廃止されれば、消費税の事故件数が約7割減少することになる。

以下に答申の抜粋を掲げているので、参照いただきたい。

はじめに

わが国に消費税制度が導入されてから30 年以上が経過したが、実務の観点からはさまざまな問題が生じており、とりわけ届出書等の提出を巡って多くのトラブルが絶えないのが現状である。この問題は、現行の消費税制が過度に複雑化していることに基因していると考えられる。

……わが国の基幹税となった消費税については、事業者の実務に配慮し、税負担のリスクが少なく、手続が容易であることが望ましいと考えられる。

Ⅰ 現行の消費税制における手続規定の問題点

1. 届出書等の提出期限の問題点

現行の消費税制は、課税事業者であるかどうかの判別や簡易課税制度の適用の有無を課税期間の開始の時に確定しておくという前提を置いているため、各種の制度の適用に関する届出は、その課税期間の開始前に行うこととされている。

このため、事業者は、翌課税期間の事業内容を予測した上で届出書を提出せざるを得ないのであるが、その後に事業内容の状況が予測と異なることとなった場合には、予期しない税負担が生じるおそれがある。

Ⅱ 消費税制における手続規定の見直しの視点

1. 届出書等の提出時期のあり方

……コロナ特例税制では、その適用に係る課税期間の中途においても提出することが可能であり、その提出の日の属する課税期間から適用できるとされている。

この特例措置は、新型コロナウイルス感染症の拡大により事業者に予測できない経営状況が生じた場合にその事業者に税制上の不利益を負わせないためであると考えられる。

わが国の中小事業者の多くは、平時においても不安定な経営環境の下で事業を行っており、常に予測できない経営状況が生じるリスクがある。

これらを勘案すれば、消費税の本法の規定を改め、コロナ特例税制の措置と同様の措置を恒久化することが適当であり、消費税に関する各種の届出書は、その制度の選択をする課税期間の末日まで提出できることとし、その提出した日の属する課税期間からその適用を認めることとすべきである。

> **［12］ 貸店舗家賃の消費税区分誤りが原因で課税事業者となったため有利な簡易課税制度が選択できず、過大納付消費税額が発生した事例**

1 事故事例

　本件事例は、消費税の課税・非課税の判断を誤り、貸店舗家賃（課税）を住宅家賃（非課税）としたことによる事故である。

(1) 事故の概要

　税理士は、依頼者の基準期間の課税売上高が1,000万円以下のため免税事業者に該当すると判断していたが、平成30年分の申告作業中、本来は課税取引である貸店舗の家賃を住宅家賃として非課税処理をしていたことが判明し、平成26年から平成30年分について原則課税による消費税の申告を余儀なくされてしまった。

　税理士が、貸店舗の家賃を課税取引として正しく確認し課税事業者であることを認識していれば、依頼者は簡易課税制度選択届出書の提出により簡易課税制度を選択していたことは明らかであった。税理士の判断誤りにより簡易課税制度の選択が不可となったことから、これにより発生した過大納付消費税額について、税理士は依頼者から損害賠償請求を受けた。

(2) 事故発覚の経緯

　平成30年分の申告作業中に、税理士が課税・非課税区分の判断を誤ったことに気付いて発覚した。

　依頼者は本来であれば平成26年分から消費税の申告納税義務者であったことから、平成26年分から平成29年分までの消費税期限後申告書を原則課税方式により提出した。

　また、簡易課税方式による申告が有利であることが判明した時点で、簡易課税制度選択届出書及び課税期間特例選択届出書（3か月）を提出した。

⑶　事故の原因

　本来は課税取引である貸店舗の家賃を税理士の不注意により住宅家賃として非課税処理をしてしまったため。

⑷　税賠保険における判断

　依頼者は明らかに簡易課税制度が有利であることが確認されたため、課税・非課税区分の判定を誤って免税事業者と誤認し、簡易課税制度選択届出書を提出しなかったことは、税理士に責任ありと判断された。

⑸　支払保険金

　税理士は平成23年分より依頼者の関与を開始していることから、平成26年分から平成30年分及び平成31年3月までの原則課税方式と簡易課税方式との差額に相当する消費税額約200万円から税効果による回復額約45万円を差し引いた約155万円を認容損害額とし、免責金額30万円を控除した約125万円が保険金として支払われた。

2　事故事例の要因

⑴　消費税の非課税取引

　消費税は、国内において事業者が事業として対価を得て行う取引を課税の対象としているが、課税の対象としてなじまないものなどは消費税を課税しない非課税取引が定められている（消法6①、別表1）。

　その非課税とされる取引のうちに、住宅の貸付けがある。

⑵　非課税取引となる住宅の貸付け

　非課税取引となる住宅の貸付けとは、契約において人の居住の用に供することが明らかにされているものに限られる（消法別表1十三、消令16の2）。

⑶　**住宅の貸付け以外の家賃は課税取引**

　課税取引である貸店舗の家賃について、住宅家賃として非課税処理していたことが判明したが、その要因は税理士の不注意によるものであった。

3　事故事例からの教訓（落とし穴）

> ・家賃には課税取引と非課税取引がある。
> ・消費税の課税・非課税区分の判定。

⑴　家賃には課税取引と非課税取引がある

　本件事例は、消費税が非課税となる家賃は住宅の貸付けに限られているにもかかわらず、貸店舗の家賃を非課税取引としたことによる事故である。

　また、依頼者は、貸店舗の家賃を課税取引とすることにより課税事業者であることを認識していれば、原則課税方式より有利な簡易課税方式の選択も可能であったが、その選択をする機会も失われたことになる。

⑵　消費税の課税・非課税区分の判定

　消費税の課税・非課税区分の判定を行う場合には、税法・政省令・通達と事実関係との当てはめを慎重に行う必要がある。

　その際は、「思い込み」を排除したり、「税理士事務所内での複数によるチェック体制の構築」も重要となる。

4　課税仕入れに係る消費税額の控除と非課税取引のうち住宅の貸付けについて

⑴　課税仕入れに係る消費税額の控除

　①　全額控除が認められる場合

　その課税期間の課税売上高が5億円以下であり、かつ、課税売上割合が95％以上である事業者は、課税仕入れ等の税額を全額控除すること

ができる（消法30①）。

全額控除が認められない場合には、次の「個別対応方式」か「一括比例配分方式」のいずれかにより控除する。

② 個別対応方式による控除

その課税期間の課税売上高が5億円超又は課税売上割合が95％未満の事業者は、(イ)課税売上げのみ要するもの、(ロ)非課税売上げのみ要するもの及び(ハ)課税売上げと非課税売上げの両者に共通するものに区分が明らかにされている場合には、次により仕入控除税額（個別対応方式という）を計算する（消法30②一）。

$$
仕入控除税額 = \frac{\text{(イ)に係る課税}}{\text{仕入れ等の税額}} + \left(\frac{\text{(ハ)に係る課税}}{\text{仕入れ等の税額}} \times 課税売上割合 \right)
$$

③ 一括比例配分方式による控除

その課税期間の課税売上高が5億円超又は課税売上割合が95％未満の事業者は、個別対応方式が適用できない場合又は個別対応方式を適用できる場合であっても一括比例配分方式を選択したときに適用され、次により仕入控除税額（一括比例配分方式という）を計算する（消法30②二、④）。

$$
仕入控除税額 = 課税仕入れ等の税額 \times 課税売上割合
$$

(2) **消費税の非課税取引**

消費税の課税対象は、国内において事業者が事業として対価を得て行う資産の譲渡等及び外国貨物の引取り（輸入取引）をいうが、これらの取引であっても消費に負担を求める税としての性格から課税の対象としてなじまないものや社会政策的配慮から、次の取引には消費税を非課税とする取引が定められている（消法6①、別表1）。

① 土地の譲渡及び貸付け

② 有価証券等の譲渡

③ 支払手段の譲渡

④ 預貯金の利子及び保険料を対価とする役務の提供等

⑤から⑯ 省略

⑰ 住宅の貸付け

契約において人の居住の用に供することが明らかにされているもの（契約において貸付けの用途が明らかにされていない場合にその貸付け等の状況からみて人の居住の用に供されていることが明らかなものを含む）に限られる。

ただし、1か月未満の貸付けなどは非課税取引には該当しない。

5 課税仕入れに係る消費税額の控除と非課税取引のうち住宅の貸付けの留意点

(1) 住宅の貸付けに関連する課題

転売目的で賃貸用住宅を購入し、賃貸用住宅に係る消費税額を控除する場合において、次の(2)のような争いが複数あり、その複数の争いで裁判所の判示が異なることなどの課題があった。

(2) 転売目的の集合住宅であるマンション取得における争い

① 争いの概要

集合住宅であるマンションの取得に係る消費税額は、住宅として賃貸しないまま譲渡すれば、課税売上げのみに要するものになるが、マンションを購入した後に住宅として賃貸し、家賃収入（非課税売上げ）が発生する場合がある。

マンションの譲渡は課税売上げであるが、住宅としての賃貸は非課税売上げとなるため、個別対応方式により仕入控除税額を計算する場合において、転売目的によるマンションの取得が、課税売上のみに要するものなのか、課税売上げと非課税売上げ共通に対応するものなのかについて、争われていた事案がある（次頁③・④参照）。

② 平成12年当時の国税庁消費税課の取扱い

　平成12年に国税庁消費税課により作成された消費税審理事例検索システム（消費事例4015）によれば、「購入物件は分譲することを目的として取得したマンションであり、課税仕入れの時点では課税資産の譲渡等のみに要するものに該当することは明らかであることから、仮に一時的に賃貸用に供されるとしても、継続して棚卸資産として処理し、将来的には全て分譲することとしているものについては、法第30条第2項第1号イの課税資産の譲渡等のみに要する課税仕入れに該当するものとして取り扱って差し支えない」としていた。

③ 審判所・裁判所の判断

　平成17年11月10日裁決では、転売目的のマンションの取得に係る消費税額の仕入税額控除について、「本件各信託不動産を、譲渡する目的だけでなく、賃貸収入を得る目的を併せ持って取得したもの……」、共通して区分するのが相当と判断された。

　また、令和元年10月11日・東京地裁判決でも、同種の事案において「課税仕入れが行われた日の状況に基づいて客観的に解するのが相当であり、本件各建物はその購入当時に一定の期間は住宅用貸付けに供されているので」共通対応と判示した。

④ 令和2年9月3日・東京地裁判決

　令和2年9月3日・東京地裁判決では、同種の事案において上記③と異なり、「賃料収入が見込まれることをもって、共通対応課税仕入れに区分することは、本件事業に係る経済実態から著しくかい離するばかりでなく、課税仕入れに係る消費税額について税負担の累積を招くものとそうでないものとに適正に配分するという観点からも、相当性を欠くことから……」、課税売上げのみに要するものと判示した。

　そのような状況において、令和2年度税制改正では、賃貸用住宅の取得に係る消費税の控除について次頁(3)の見直しが行われた。

(3) 令和2年度税制改正による見直し

① 居住用賃貸建物の取得に係る仕入税額控除の制限

仕入税額控除の対象は、その課税期間中に国内において行われた課税仕入れ等に係る消費税額等の合計額になる（消法30①）。

しかし、前頁(2)③・④の争いなどを背景として、令和2年度税制改正により、事業者が国内において行う居住用賃貸建物の取得に係る課税仕入れ等の税額は、仕入税額控除が制限（仕入時は控除対象外⇒仕入れから3年以内に控除対象へ調整）されることになった。

イ 居住用賃貸建物の取得に係る仕入税額控除の除外

令和2年10月1日以後、居住用賃貸建物の取得時において、課税仕入れ等の税額は仕入税額控除の対象から除外されることになった（消法30①）。

ロ 居住用賃貸建物の範囲

居住用賃貸建物とは、消費税法別表1十三に掲げる「住宅の貸付けの用に供しないことが明らかな建物以外の建物」で、高額特定資産（1,000万円以上の棚卸資産等）又は調整対象自己建設高額資産（自ら建設等をした1,000万円以上の棚卸資産等）に該当するものをいう。

また、「住宅の貸付けの用に供しないことが明らかな建物」とは、建物の構造及び設備の状況等により住宅の貸付けの用に供しないことが客観的に明らかなものをいう（消基通11-7-1）。

したがって、令和2年10月1日以後、仕入税額控除の制限がある建物と制限のない建物は、次のように区分されることになった。

仕入税額控除の制限あり	仕入税額控除の制限なし
住宅の貸付けの用に供しないことが明らかな建物以外の建物（消法別表1十三） ※住宅の貸付けの用に供するか否か不明な建物も含まれる。	住宅の貸付けの用に供しないことが明らかな建物（消基通11-7-1）

②　居住用賃貸建物の取得に係る仕入税額控除の調整

　居住用賃貸建物の仕入れ等の日の属する課税期間の開始の日から3年を経過する日の属する課税期間（第三年度の課税期間）の末日までの間に、その居住用賃貸建物を住宅の貸付け以外の貸付けの用に供した場合又は譲渡した場合には、その居住用賃貸建物に係る課税仕入れ等の税額に一定の方法により計算した割合を乗じて算定した金額に相当する消費税額を第三年度の課税期間又は譲渡をした日の属する課税期間の仕入れ等に係る消費税額に加算（調整）することになった（消法35の2）。

イ　調整期間に課税賃貸用に供した場合

　第三年度の課税期間の末日に、その居住用賃貸建物を有しており、かつ、その居住用賃貸建物の全部又は一部を調整期間に課税賃貸用に供した場合には、次の算式で計算した消費税額が第三年度の課税期間の仕入税額控除に加算（調整）される。

$$加算する消費税額 = 居住用賃貸建物の課税仕入れ等に係る消費税額 \times \frac{Aのうち課税賃貸用に供したものに係る金額}{調整期間に行った居住用賃貸建物の貸付けの対価の額の合計額（A）}$$

国税庁資料を一部修正

○適用関係及び調整計算方法の具体例　　　　　　　単位：万円（税抜き）

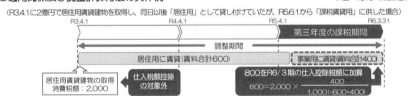

（R3.4.1に2億円で居住用賃貸建物を取得し、同日以後「居住用」として貸し付けていたが、R5.6.1から「課税賃貸用」に供した場合）

　なお、「調整期間」とは、居住用賃貸建物の仕入れ等の日から第三年度の課税期間の末日までの間をいい、「課税賃貸用」とは、非課税とされる住宅の貸付け以外の貸付けの用をいう。

ロ　調整期間に他の者に譲渡した場合

　居住用賃貸建物の全部又は一部を、調整期間に他の者に譲渡した場合

には、次の算式で計算した消費税額が譲渡した課税期間の仕入税額控除に加算（調整）される。

$$
\begin{array}{c}
\text{加算する} \\
\text{消費税額}
\end{array}
=
\begin{array}{c}
\text{居住用賃貸建物} \\
\text{の課税仕入れ等} \\
\text{に係る消費税額}
\end{array}
\times
\dfrac{
\begin{array}{c}
\text{Bのうち課税賃貸用に供し} \\
\text{たものに係る金額}
\end{array}
+
\begin{array}{c}
\text{Cの金額}
\end{array}
}{
\begin{array}{c}
\text{課税譲渡等調整期間に行っ} \\
\text{た居住用賃貸建物の貸付け} \\
\text{の対価の額の合計額（B）}
\end{array}
+
\begin{array}{c}
\text{居住用賃貸建} \\
\text{物の譲渡の対} \\
\text{価の額（C）}
\end{array}
}
$$

国税庁資料を一部修正

○**適用関係及び調整計算方法の具体例**　　　　単位：万円（税抜き）
（R3.4.1に1億円で居住用賃貸建物を取得し、同日以後「居住用」として貸し付けていたが、R5.4.1にこの建物を7,200万円で譲渡した場合）

なお、「課税譲渡等調整期間」とは、居住用賃貸建物の仕入れ等の日からその居住用賃貸建物を他の者に譲渡した日までの間をいう。

③　令和2年度税制改正の効果

令和2年度税制改正により、転売目的で居住用賃貸建物を取得し、転売までの期間に住宅家賃が発生しても、第三年度の課税期間までに他の者に譲渡すれば、居住用賃貸建物の取得に係る消費税額の大部分について控除が可能になった。

そのため、令和2年10月1日以後であれば、転売目的で居住用賃貸建物を取得しても、第三年度の課税期間までに他の者に譲渡すれば、前記のような課題は解消されることになった。

残された課題は、今なお継続している令和2年度税制改正前に転売目的で取得したマンションに係る争いに、どのような司法判断が示されるか見守ることにある。

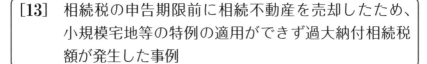

5　相続税・贈与税の保険事故事例

> **[13]**　相続税の申告期限前に相続不動産を売却したため、小規模宅地等の特例の適用ができず過大納付相続税額が発生した事例

1　事故事例

　令和元年度の相続税の事故件数（31件）のうち、約半数（15件）を占める事故が小規模宅地等の特例に関するものである。本件事例は、小規模宅地等の特例（貸付事業用宅地等）の適用要件のひとつである事業継続要件並びに保有継続要件について、税理士が依頼者に説明を怠ったことによる事故である。

⑴　事故の概要

　税理士は、依頼者である相続人より相続税申告の依頼を受け、相続財産中の貸家につき小規模宅地等の特例（貸付事業用宅地等）を適用し、申告期限内に相続税申告書を所轄税務署に提出し申告を行った。

　ところが、小規模宅地等の特例（貸付事業用宅地等）の適用対象になった物件について、相続税の申告期限前に売却を行ったため、事業継続要件並びに保有継続要件が充足できず、対象物件に係る小規模宅地等の特例（貸付事業用宅地等）の適用ができなくなってしまった。これにより発生した過大納付相続税額について、税理士は依頼者から損害賠償請求を受けた。

⑵　事故発覚の経緯

　依頼者が相続した貸家を売却したため、税理士は譲渡所得申告の依頼を受け、相続した貸家について売買契約書及び登記簿謄本の確認をおこなったところ事故が発覚した。

(3) 税賠保険における判断

依頼者より小規模宅地等の特例（貸付事業用宅地等）の適用につき、事業継続要件^(注)並びに保有継続要件について税理士より事前に説明を受けていれば、申告期限前に売却することはなかったことから、小規模宅地等の特例（貸付事業用宅地等）適用要件である事業継続要件並びに保有継続要件につき説明を怠ったことは、税理士に責任ありとされた。

どの時期に物件を売却すれば税務上効果的か等の相談は、課税要件の事実発生前に行う税務にかかわる指導・助言に該当することから、発生した過大納付相続税額等は事前税務相談業務担保特約の保険金支払対象となった。

(注) 原文は「所有継続要件」となっているが、「事業継続要件」に訂正した。

(4) 支払保険金

過大納付相続税額約1,300万円から所得税の譲渡所得の計算に係る相続財産を譲渡した場合の取得費の特例増加額約200万円を差し引いた約1,100万円を認容損害額とし、免責金額30万円を控除した約1,070万円が保険金として支払われた。

2 事故事例の要因

(1) 小規模宅地等の特例に係る宅地等の範囲

小規模宅地等の特例の対象となる宅地等とは、「特定事業用宅地等」・「特定同族会社事業用宅地等」・「貸付事業用宅地等」及び「特定居住用宅地等」のいずれかに該当するものをいうが、本件事例の宅地等は「貸付事業用宅地等」である。

(2) 貸付事業用宅地等の要件を満たす宅地等

相続開始の直前において被相続人等の事業の用に供されていた宅地等で、次の①又は②の区分に応じ、それぞれに掲げる要件のすべてに該当する被相続人の親族が相続又は遺贈により取得したものをいう。

① 被相続人の貸付事業の用に供されていた宅地等

被相続人の貸付事業の用に供されていた宅地等で、被相続人の親族が相続等により取得し、次の「事業承継要件」及び「保有継続要件」を満たすものをいう（措法69の4③四イ、措令40の2⑲）。

事業承継要件	その宅地等の上で営まれていた被相続人の貸付事業を相続税の申告期限までに承継し、かつ、申告期限までその事業を営んでいること
保有継続要件	その宅地等を相続税の申告期限まで有していること

被相続人の貸付事業を親族が引き継いだ場合のイメージ図

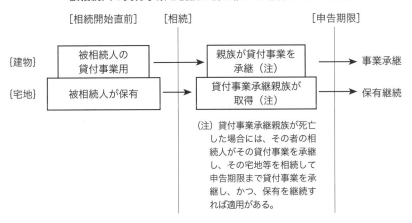

② 被相続人と生計を一にする親族の貸付事業の用に供されていた宅地等

被相続人と生計を一にする親族の貸付事業の用に供されていた宅地等で、次の「事業継続要件」及び「保有継続要件」を満たす、その貸付事業を行っていた親族が取得したものをいう（措法69の4③四ロ、措令40の2⑲）。

事業継続要件	被相続人と生計を一にする親族が、相続開始の直前から相続税の申告期限まで、その宅地等の上で貸付事業を営んでいること
保有継続要件	その宅地等を相続税の申告期限まで有していること

被相続人と生計を一にする親族の貸付事業を継続する場合のイメージ図

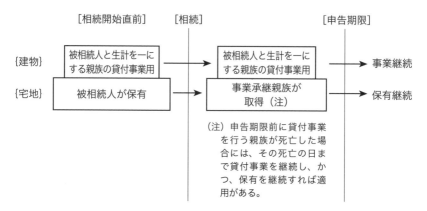

なお、貸付事業とは、「不動産貸付業」・「駐車場業」・「自転車駐車場業」及び事業と称するに至らない不動産の貸付けその他これに類する行為で相当の対価を得て継続的に行う「準事業」をいい、事業規模は問わない。

ただし、特例の対象となる不動産の貸付けは、相当の対価を得て継続的に行うものに限られているため、使用貸借により貸し付けられている宅地等は対象にならない。

(3) 事業継続要件並びに保有継続要件

小規模宅地等の特例は、貸付事業用宅地等だけでなく他の宅地等についても、適用を受ける宅地等は、申告期限まで保有を継続していなければ要件を満たさないことになっている。

次頁図表は「相続税の申告のためのチェックシート（平成31年4月以降相続開始用）」の一部を抜粋して掲げているが、該当部分欄を確認していただければ、貸付事業用宅地等を含めた他の宅地等について、申告期限まで継続して保有することが要件である旨の記載があることが分かる。

国税庁資料

(第4面)

小規模宅地等の特例

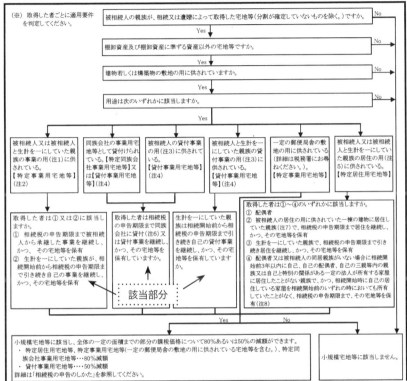

3 事故事例からの教訓（落とし穴）及び関連事項

- ・依頼者には事前に十分な説明を行うことが肝要
- ・過去の事故事例
- ・申告期限後に短期間での譲渡に対する規制措置の可能性
- ・贈与により取得した宅地等が適用対象になる可能性

(1) 事前に十分な説明を行う

　本件事例のような事故を防ぐためには、税理士が依頼者とコミュニケーションを密にとり、事前に十分な説明を行うことが肝要である。

　税理士だけでなく、担当職員が依頼者に対し事前説明する場合も想定し、税理士事務所内で前記の「相続税の申告のためのチェックシート」等を活用して、小規模宅地等の特例の仕組みについて再確認する体制を構築することも必要である。

(2)　過去の事故事例

　小規模宅地等の特例は、毎年複数の事故事例が掲載されていることから、その事故事例のうち以下に過去の3つの事例を掲げる（いずれの事例も、税理士の認識誤りである）。

事例1　相続税において小規模宅地等の特例の不適用により過大納付となった事例

【事故概要】

　被相続人の相続税の申告につき、小規模宅地等についての相続税の課税価格の計算の特例により特定同族会社事業用宅地等として80％減額の適用が受けられたにもかかわらず、貸付事業用宅地等として50％減額を適用して申告してまった。これにより納付税額が過大となった税額につき損害が発生し、損害賠償請求を受けた。

〈コメント〉

　被相続人は同族会社を経営しており、相続税申告の際、その会社の敷地は特定事業用宅地の要件を満たしていたが、貸付事業用宅地等として50％減額の適用しか受けずに申告書を提出していた。そして、更正期限経過後に相続人から第二次相続試算の依頼があり、申告書を見直してはじめてその事実に気づいた。

　小規模宅地等の特例を適用するにあたり賃貸状況等を確認していれば、特定同族会社事業用宅地として80％減額の適用は受けられたことから、税理士に賠償責任があると認められた。

事例2　小規模宅地の特例が適用可能な複数の土地を相続した依頼者の相続税の申告において不利な選択をしたため過大納付となった事例

【事故概要】

　平成22年5月に相続が開始した依頼者から相続税の申告を依頼された税理士は、相続人は依頼者1人であることから小規模宅地の特例適用は評価減額が最も大きくなる土地で適用することの依頼を受けた。適用要件を誤って認識していた税理士は、最も評価減額が大きくなる土地は特例の適用不可と判断し、不利な土地を選択し申告書を作成した。後日、税務調査があり調査官とのやり取りの中で本件ミスが発覚した。

　最も評価減額が大きくなる土地で小規模宅地の特例を適用していた場合における相続税額と実際に申告納付した相続税額との差額は税理士の責任であるとして、依頼者より損害賠償を受けた。

〈コメント〉

　小規模宅地の特例が適用可能な土地が複数ある場合、どの土地で適用するかは、土地を承継する相続人間で協議し選択されることになるが、評価減額が相続税額に与える影響額や、第二次相続等を考慮して判断されることもあり、一概に評価減額が最も大きい土地で選択するとは限らないこともある。

　しかし、本件のケースでは、相続人は一人であったため評価減額が最も大きくなる土地での選択が依頼者の依頼事項であったため、特例選択土地を誤って申告したことは税理士の責任と認められた。

事例3　小規模宅地等の計算特例の適用失念により過大納付となった事例

【事故概要】

　税理士は依頼者より相続財産に賃貸事業用土地がある旨の説明を受けており、必要資料の受領及び現地の確認等も行っていた。

　税理士は、依頼者の保有している土地は建物が自己所有でなく、不動産貸付業としては小規模宅地等特例が適用できないと思い込み、小規模宅地等特例を適用しない相続税申告書を作成、提出した。

　しかし、相続人の行っていた不動産貸付業は小規模宅地等特例の各適用要件を満たしており、適用失念は税理士の責任であるとして損害賠償請求を受けた。

〈コメント〉

　小規模宅地等特例は事業用宅地等に係るものと居住用宅地等に係るものに区分され、さらに事業用宅地等に係るものは不動産貸付業等以外の事業用と不動産貸付業等の事業用等に区分される。

　不動産貸付業等の事業用に区分されるためには、必ずしも建物が自己所有である必要はなかったが、税理士の思い込みから適用を失念し、当該適用失念は税理士の善管注意義務違反と認められた。

※「税理士職業賠償責任保険　事故事例　平成25年度版」より引用

(3)　申告期限後に短期間での譲渡に対する規制措置の可能性

①　申告期限の翌日以後の譲渡

　本件事例は、申告期限前に適用対象の貸付事業用宅地等を譲渡してしまったケースであり、当然のことながら小規模宅地等の適用要件を満たさないことになる。

　小規模宅地等の特例は、その法律構成から、相続税の申告期限まで適用対象宅地等を保有していれば、その翌日に譲渡したとしても適用要件を満たすことになっている。

　そのため、貸付事業用宅地等の適用を受けた宅地等を申告期限直後に、短期間での譲渡を行う事例が多いとの会計検査院の指摘があった。

②　会計検査院の報告書

　平成29年11月に会計検査院から公表された「租税特別措置（相続関係）の適用状況等についての報告書（要旨）」では、申告期限経過後短期間で小規模宅地等の特例の適用を受けた宅地等を譲渡している事例が多く、次頁図表のように譲渡している事例のうち貸付用不動産が多数を占めていることが指摘されていた。

(3) 減収見込額が多額に上っている相続税軽減措置の適用状況及び検証状況

(ア) 小規模宅地等についての相続税の課税価格の計算の特例（小規模宅地等の特例）

………相続により取得した土地等の財産を相続税の申告期限（相続開始日の翌日から10か月）の翌日以後3年を経過する日までに譲渡していた2,907人について適用状況をみると、243人が小規模宅地等の特例を適用していた。

そして、当該243人が譲渡した土地等273件の申告期限の翌日から譲渡までの期間を確認したところ、相続人が相続税の申告期限の翌日から1年以内に譲渡していたものが163件（うち貸付事業用宅地等は110件）、1か月以内に譲渡していたものも22件（同13件）見受けられた。

会計検査院資料

図表19　譲渡までの期間の状況

（単位：件）

譲渡までの期間（注）	利用区分	特定居住用宅地等	特定事業用宅地等	特定同族会社事業用宅地等	貸付事業用宅地等	計
1年以内	1か月以内	9	0	0	13	22
	1か月超3か月以内	12	0	1	23	36
	3か月超6か月以内	17	0	0	31	48
	6か月超1年以内	13	1	0	43	57
	小計	51	1	1	110	163
1年超2年以内		21	2	6	37	66
2年超3年以内		13	0	1	30	44
計		85	3	8	177	273

（注）「譲渡までの期間」欄は、相続税の申告期限の翌日からの期間を記載している。

③　申告期限経過後短期間での譲渡に対する規制の可能性

税大論叢（税務大学校研究部教授等が執筆した租税等に関する研究論文等）に収録された事柄が、数年後に税制改正として実現したケースが少なからずあり、同様に会計検査院の指摘事項も、数年後に税制改正に結び付くことが数多くある。

そのような経験則から、小規模宅地等の特例の適用要件である宅地等

の「保有継続要件」等についても、いずれかの時期に「保有継続要件等が申告期限から更に延長」の見直しが行われる可能性があることに留意すべきである。

(4) 贈与により取得した宅地等が適用対象になる可能性

令和4年度税制改正大綱（与党）では、相続税と贈与税の一体化について本格的な検討を進めるとの記述がある（10頁・11頁）。

日本税理士会連合会からは、相続税と贈与税の一体化に関する答申（令和4年2月21日）が公表されているが、その答申で小規模宅地等の特例の適用問題について、次のような見解が述べられている（下線は筆者）。

　相続財産が一定の要件を満たす事業用宅地等又は居住用宅地等である場合には、相続税の課税に際していわゆる小規模宅地等の特例が適用されている。ただし、現行の制度では、相続時精算課税制度の適用を受けて取得した宅地等については、相続時の精算課税において同特例は適用できないこととされている。

　しかしながら、同制度は、相続税と贈与税の一体化措置であり、相続と贈与のいずれを原因とした財産移転であっても、税負担を同額とするという理念の下に制度化されたものである。こうした観点からは、相続時精算課税制度の適用を受けて取得した宅地等について、贈与者の相続時に一定の要件に該当する場合には、相続時精算課税に際して小規模宅地等の特例の適用を認めることが適当である。

答申では、相続税と贈与税の一体化が実現した際は、相続時精算課税の適用を受けた宅地等について、「贈与者の相続時に一定の要件に該当する場合には、相続時精算課税に際して小規模宅地等の特例の適用を認めることが適当である」との方向性が示されており、贈与された宅地等であっても小規模宅地等の適用を受けることができる可能性があることについて注視すべきである。

4 小規模宅地等の特例の仕組み

⑴ 本特例のあらまし

個人が、相続又は遺贈により取得した財産のうち、その相続開始の直前において被相続人等（被相続人又は被相続人と生計を一にする親族をいう）の事業の用に供されていた宅地等又は被相続人等の居住の用に供されていた宅地等のうち、一定の選択をしたもので限度面積までの部分について、相続税の課税価格に算入すべき価額の計算上、一定の割合（80％又は50％）を減額する特例を、「小規模宅地等についての相続税の課税価格の計算の特例（以下「本特例」という）」という（措法69の4）。

⑵ 本特例の適用対象者

本特例の適用を受けることができる者は、上記⑴のとおり相続又は遺贈により特例対象宅地等を取得した個人をいうことから、相続人だけでなく相続人以外の者が遺贈により取得した場合であっても、本特例の適用を受けることができる。

ただし、相続開始前3年以内に贈与により宅地等を取得した者や相続時精算課税に係る贈与により宅地等を取得した者については、本特例の適用を受けることはできない。

⑶ 本特例の対象宅地等の範囲

本特例の対象となる宅地等とは、「特定事業用宅地等」・「特定同族会社事業用宅地等」・「貸付事業用宅地等」及び「特定居住用宅地等」（以下「特例対象宅地等」という）のいずれかに該当する宅地等をいう。

なお、宅地等とは、土地又は土地の上に存する権利（借地権）で、一定の建物又は構築物の敷地の用に供されているものをいい、棚卸資産及びこれに準ずる資産に該当しないものに限られる。

⑷ 特例対象宅地等の限度面積及び減額割合

平成27年1月1日以後に相続開始があった被相続人に係る相続税につ

いて、小規模宅地等については、相続税の課税価格に算入すべき価額の
計算上、下表に掲げる区分ごとに一定割合を減額する。

特例対象宅地等の区分		限度面積	減額割合
特定事業用宅地等	特定事業用宅地等	400㎡	80%
	特定同族会社事業用宅地等	400㎡	80%
貸付事業用宅地等		200㎡	50%
特定居住用宅地等		330㎡	80%

5 本特例のうち貸付事業用宅地等の留意点

(1) 相続開始前に金融資産から不動産への変換

　相続開始前に、貸付用不動産を購入することにより金融資産を不動産
に変換し、金融資産で保有する場合と比較して相続税評価額が圧縮され、
かつ、貸付事業用宅地等として小規模宅地等の特例も適用できるという節
税策が紹介され、低金利も背景に賃貸アパートが増加する状況となってい
て、特にタワーマンションでは、その減額効果が大きいといわれている。

　そのような状況に対応するため、平成30年度税制改正により、相続
開始前3年以内に貸付用不動産を取得した場合には、貸付事業用宅地等
の特例は適用できないことになった。

財務省資料

小規模宅地の特例の見直し【平成30年度税制改正】

○貸付事業用宅地の見直し

改正前の制度の内容

貸付事業用宅地　**50%軽減**

【改正前の要件】
○（被相続人等）その土地で貸付事業をしていたこと
○（相続人）貸付事業をしていること

問題点

¥ → **50%軽減**

一時的に現金を不動産に換え、特例を適用して相続税負担を軽減

※貸付用不動産は、居住用不動産や事業用不動産に比して制約が
　少ないことから、購入しやすく売却もしやすい。

改正後

○相続開始前3年以内に貸付けを開始した不動産については、小規模宅地の特例の対象から除
　外（ただし、事業的規模で貸付けを行っている場合を除く）

※H30.4.1以後の相続に適用（同日前に賃貸を開始した不動産を除く。）。

(2) 貸付事業用宅地等の要件の見直し

① 見直しの内容

平成30年度税制改正により、相続開始前3年以内に貸付用不動産を取得した場合には、貸付事業用宅地等の特例は適用できないこととされた（措法69の4③四）。

ただし、相続開始の日まで3年を超えて引き続き準事業以外の貸付事業を行っていた被相続人等の貸付事業の用に供されたものは、金融資産を不動産に変換して節税策を講じるものともいえないことから、この除外規定の対象外とされ、特例が適用されることになった（措法69の4③四、措令40の2⑯）。

なお、準事業とは事業と称するに至らない不動産の貸付けその他これに類する行為で相当の対価を得て継続的に行うものをいい（措令40の2①）、準事業以外の貸付事業とは事業と称することのできる規模での不動産の貸付けをいい、「特定貸付事業」という。

上記の「相続開始前3年以内」の適用に関し、「特定貸付事業」を行っていた被相続人が、その特定貸付事業の用に供する宅地等を前の相続により取得してから3年以内に死亡したときは、先代が特定貸付事業を行ってきた期間は、被相続人が特定貸付事業の用に供していた期間と通算される（措令40の2⑰）。

② 特定貸付事業の判定

特定貸付事業（措令40の2⑯）の判定に当たっては、被相続人等が行う貸付事業が所得税法で規定する不動産所得（所法26①）を生ずべき事業又は同法で規定する事業所得（所法27①）を生ずべきものとして行われている場合には、その貸付事業は特定貸付事業に該当することになる（措通69の4－24の4）。

なお、上記の判定を行う場合には、所得税基本通達26－9（建物の貸付けが事業として行われているかどうかの判定）及び27－2（有料駐車場等の所得）の取扱いによる（措通69の4－24の4（注））。

〈所基通26－9（建物の貸付けが事業として行われているかどうかの判定）〉

　建物の貸付けが不動産所得を生ずべき事業として行われているかどうかは、社会通念上事業と称するに至る程度の規模で建物の貸付けを行っているかどうかにより判定すべきであるが、次に掲げる事実のいずれか一に該当する場合又は賃貸料の収入状況、貸付資産の管理の状況等からみてこれらの場合に準ずる事情があると認められる場合には、特に反証がない限り、事業として行われているものとする。

　⑴　貸間、アパート等については、貸与することができる独立した室数がおおむね10以上であること。
　⑵　独立家屋の貸付けについては、おおむね5棟以上であること。

〈所基通27－2（有料駐車場等の所得）〉

　いわゆる有料駐車場、有料自転車置場等の所得については、自己の責任において他人の物を保管する場合の所得は事業所得又は雑所得に該当し、そうでない場合の所得は不動産所得に該当する。

[14] 非上場株式等についての贈与税の納税猶予（事業承継税制）の特例措置が適用されず過大納付となった事例

1 事故事例

　法人版事業承継税制（非上場株式等に係る相続税・贈与税の納税猶予及び免除の特例）は適用件数が少ないこともあり、事故はそれ程多くないが、事故に至ると損害賠償請求額がかなり高額になることが想定される（160頁**5**⑴の平均猶予税額を参照）。

　本件事例は税理士に責任ありとされたが、依頼者に損害が発生していないことから保険金支払の対象外と判断されたものである。

　なお、本件事例は、「税理士職業賠償責任保険事故事例令和元年度（2018年7月1日～2019年6月30日）」から引用している。

⑴ 事故の概要

　税理士は、依頼者が事業を引き継ぐため、非上場株式の贈与を受けたい旨の相談を受けた。株価評価を行ったところ、業歴の長い法人であったため、非上場株式の評価も高く、贈与にあたり贈与税の納税負担が相応になるため贈与税の納税猶予制度の特例措置を提案し、依頼者は贈与税の納税猶予制度の特例措置を利用して株式の贈与を受けた。

　ところが税理士は、贈与税の申告期限内に申告は行ったものの、担保提供書類の提出を失念してしまい、結果的に本特例の適用が受けられず贈与税を支払うこととなってしまった。

　これにより過大納付贈与税額等が発生し、税理士は依頼者から損害賠償請求を受けた。

⑵ 事故発覚の経緯

　担保提供の資料が無かったため、税務署より指摘を受けて事故が発覚した。

⑶　**事故の原因**

　税理士は、贈与税の申告期限内に申告を行い、担保提供書を提出できる状況にあったにもかかわらず、既に提出したと思い込み、提出を失念したため。

⑷　**税賠保険における判断（保険金支払対象外と判断した理由）**

　税理士が贈与税の申告期限までに担保提供書を提出していれば、依頼者は贈与税の納税猶予を受けることができた。

　一方で、先代経営者は非上場株式以外で5億円程度の財産を所有していたため、相応の相続税が発生する見込みであり、依頼者は贈与税の申告時に相続時精算課税制度の選択届出書を提出していた。

　結果として、贈与税の納税猶予制度を利用した場合と、相続時精算課税制度を適用した場合の税額に、差額が発生しないことが確認できた。

　本件は、税理士の善管注意義務が果たせているとはいえないが、発生した債務不履行に因果関係のある損害が発生していないことから、保険金支払の対象外と判断された。

2　事故事例の要因

⑴　**特例措置における贈与税の納税猶予制度**

　特例後継者である受贈者（以下「特例経営承継受贈者」という）が、贈与により特例円滑化法認定を受ける非上場会社の株式等を、先代経営者である特例贈与者から全部又は一定数以上取得しその会社を経営していく場合には、贈与税の申告書を提出期限までに提出するとともに、一定の担保を提供した場合に限り、その特例経営承継受贈者が納付すべき贈与税のうちその非上場株式等に対応する贈与税の納税が猶予され、その猶予税額は先代経営者である特例贈与者や特例経営承継受贈者が死亡した場合などにはその全部又は一部が免除されるが、免除されるときまでに本特例の適用を受けた非上場株式等を譲渡するなど一定の場合には、その猶予税額の全部又は一部を利子税と併せて納付する必要がある（措法70の7の5他）。

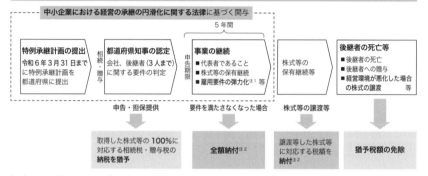

財務省資料

○ 中小企業の先代経営者から後継者がその会社の非上場株式等を相続・贈与により取得した場合には、その非上場株式等に係る相続税・贈与税の**納税が猶予**され、後継者の死亡等の場合には**免除**されます。
○ 平成30年1月からの**10年間の措置**として、従来の制度を**抜本拡充**した特例措置が講じられています。
　➢猶予割合　　80%　　⇒ **100%**　　▶ **雇用確保要件の弾力化**
　➢対象株式　総株式の2/3まで　⇒ **全株式**　　▶ **経営環境変化に対応した免除措置**など
　※令和6年3月31日までに**特例承継計画の策定**が必要

(注1) 5年後に平均8割を満たせず、かつ、経営悪化している場合などについて、認定支援機関の指導助言が必要。
(注2) 猶予税額の納付に併せて利子税を納付。利子税の割合は年3.6%〔特例：0.4%※〕　　※利子税特例基準割合0.9％の場合。

(2) 担保提供書の提出失念

　本件事例は、本特例の適用を受けるための要件のひとつである担保提供書を既に提出したものと思い込み、その提出を失念したことによる事故である。

　提出済と思い込んでいた担保提供書の担保として提供する財産の価額（必要担保額）は、納税猶予の贈与税額及び猶予期間中の利子税額の合計額に見合うことが必要になる（措通70の7の8）。

必要担保額 ≧ 納税猶予に係る贈与税額（本税）＋猶予期間中の利子税額

　必要担保額について、対象非上場株式等の全部を担保として提供した場合には、必要担保額に見合う担保提供があったものとみなされる（以下、「みなす充足」という）（措法70の7⑥）。

　なお、みなす充足を含めた担保の提供の詳細は、「非上場株式等についての相続税・贈与税の納税猶予（担保の提供に関するQ&A）」を参照いただきたい。

https://www.nta.go.jp/taxes/nozei/enno-butsuno/qa/index_6.htm

3 事故事例からの教訓（落とし穴）及び関連事項

> ・税額に差額が発生しない。
> ・本件事例は保険金支払の対象外。
> ・本特例の適用を受けるための要件は膨大。
> ・事故防止に備え日本税理士会連合会は注意喚起。
> ・特例措置の適用を受けるか否かの判断基準。

(1) 税額に差額が発生しない

前記１(4)税賠保険における判断では、「結果として、贈与税の納税猶予制度を利用した場合と、相続時精算課税制度を適用した場合の税額に、差額が発生しないことが確認できた」との記述がある。

「税額に差額が発生しない」とは、次のような場合を想定したものと考えられる。

〈具体例〉

自社株式１億円に対し、贈与税の納税猶予の適用を受けたが、その後に期限確定事由（猶予の取消し事由）に該当したものとする。

　　相続財産　　自社株式１億円・その他財産５億円　　合計６億円

　　相続人　　　１人　基礎控除　3,000万円 ＋ 600万円 ＝ 3,600万円

	納税猶予制度の適用あり（暦年課税）	納税猶予制度の適用あり（相続時精算課税）	納税猶予の適用なし相続開始
贈与時	贈与税の納税猶予	贈与税の納税猶予	――
期限確定事由に該当	約4,800万円（1億円－110万円）×55%－640万円	1,500万円（1億円－2,500万円）×20%	――
相続税	――	2億2,500万円（2億4,000円－1,500万円）	2億4,000万円（6億円－3,600万円）×50%－4,200万円
税負担合計	――	2億4,000万円（2億2,500万円＋1,500万円）	2億4,000万円

（差額なし）

（注）期限確定による利子税及び３年以内の贈与加算は考慮していない。

前頁図表から、贈与税の納税猶予の特例とともに相続時精算課税を選択していれば、納税猶予が取り消されたとしても（期限確定）、その時点では20％の贈与税の負担で済む。

猶予を受けた自社株式は、相続開始時に相続財産として相続税が課税されるため、贈与税の納税猶予が取り消しされた場合の相続税額と同額になり、差額が発生しない。

(2) 本件事例は保険金支払の対象外

本件事例は、「贈与税の納税猶予制度を利用した場合と、相続時精算課税制度を適用した場合の税額に差額が発生しない」ため、依頼者に「損害が発生していないことから、保険金支払の対象外と判断された」ようである。

「損害が発生しない」との文言は、前頁(1)のように贈与税の納税猶予の適用を受けた後に期限確定事由に該当し、非上場株式（自社株式）である贈与財産が贈与時の価額で相続財産に加算されることを前提としたものと思われる。

しかし、依頼者は税理士の担保提供資料の提出失念により、贈与税の納税猶予及び免除の適用を受ける機会を封じられことになり、その機会逸失について「損害が発生している」と認識していることもあり得る。

保険金支払の対象外であったとしても、提出失念という「善管注意義務が果たせなかった」ことについて、税理士は依頼者から損害賠償請求を受けるものであれば、自己負担により対応することになろう。

(3) 本特例の適用を受けるための要件は膨大

本特例は、納税猶予の適用を受けてから5年間は毎年17項目の適用要件を満たし続けることの報告（都道府県知事・所轄税務署長）が必要であり、5年経過後は3年毎に6項目の適用要件を満たし続けている報告（所轄税務署長のみ）を行わなければならない制度である。

継続して満たし続けなければならない適用要件が数多くあるため、本

特例の適用を受けるための基本的な提出書類である「担保提供書」を提出済との思い込みは、やむを得ない面もあるが、チェックシートの活用などにより提出する書類に不足がないか再確認すべきであったといえる。

なお、下表は【「非上場株式等についての贈与税の納税猶予及び免除の特例」（特例措置）の適用要件チェックシート】の最終頁の一部を抜粋しているが、（注）1に「担保提供書及び担保関係書類が別途必要となります。」との記載がある。

国税庁資料

	提　出　書　類	チェック欄
1	この特例の適用を受ける旨、特例の適用を受ける非上場株式等の明細及び納税猶予税額の計算に関する明細を記載した書類（「**特例株式等納税猶予税額の計算書（贈与税）**」に必要な事項を記載してください。）	□
2	**会社の株主名簿の写しなど**、贈与の直前及び贈与の時における会社の全ての**株主又は社員の氏名等及び住所等**並びにこれらの者が有する株式等に係る**議決権の数が確認できる書類等**（その会社が証明したものに限ります。）	□
3	贈与の時における会社の**定款の写し**（会社法その他の法律の規定により定款の変更をしたものとみなされる事項がある場合には、当該事項を記載した書面を含みます。）	□
4	円滑化省令第7条第14項の都道府県知事の**認定書**（円滑化省令第6条第1項第11号又は第13号の事由に係るものに限ります。）**の写し**及び円滑化省令第7条第6項（同条第8項において準用する場合を含みます。）の**申請書の写し**	□
5	円滑化省令第17条第5項の都道府県知事の**確認書の写し**及び同条第2項の**申請書の写し**	□

担保提供書等の記載あり

（注）1　**担保提供書**及び**担保関係書類**が**別途必要**となります。
　　　2　この制度の適用に係る贈与者から贈与を受けた非上場株式等について**相続時精算課税の適用を受ける場合**には、「**相続時精算課税選択届出書**」及びその添付書類の提出が別途必要になります。なお、当該贈与者から贈与を受けた財産について、前年以前に「相続時精算課税選択届出書」を提出している場合には、再度提出する必要はありません。

⑷　事故防止に備え日本税理士会連合会は注意喚起

日本税理士会連合会では、本特例のうち特例措置に関する配布資料を複数回にわたり作成している。

複数回にわたり配布資料を作成する理由は、特例措置が関与先との事故に発展する可能性を孕んでいることから、それを事前に防止することを目的としたものであることが想定される。

①　令和元年6月の配布資料

平成30年度税制改正で従前より使い勝手が増した特例措置が創設されたため、「関与先に対して、法人版事業承継税制（特例措置）の適用

要否を確認していますか？」というタイトルの配布資料を作成している。

その配布資料では、後々、関与先と事故に至ることのないように、特例措置の適用要否を早めに関与先と話し合うことを奨励している。

事故の可能性について、配布資料では、下記のような具体例を掲げている。

日本税理士会連合会資料

こんなことが
起きるかもしれません！

△ 後々、経営者から、特例措置と相続時精算課税との比較など、顧問税理士からの説明が不足していた、そのようなリスクは聞いていなかったと言われ、責任を問われた。

△ 経営者とは事業承継税制を適用しないことを確認していたが後継者には説明がされておらず、承継後、特例措置の適用を受けられないことについて責任を問われた。

△ 経営者が金融機関から特例措置の話を聞き、そのまま金融機関の紹介で別の税理士に特例措置の申請を依頼していた。その後、顧問契約もその税理士に変更された。

△ 特例措置適用中に継続の手続が漏れ、納税猶予が突然打ち切りとなった。経営者と「継続届出書」に関する対応者の確認をしておらず、経営者は全て顧問税理士に任せたものとして、自身では手続を把握していなかった。

② 令和4年4月の配布資料

令和4年4月に、次頁の「事業者周知用チラシ（一部のみ表示）」を作成しているが、その配布資料は令和4年度税制改正大綱（与党大綱）を受けて、特例措置の適用期限が迫っていること及び令和9年12月末の期限は延長されないことを、改めて税理士と関与先に注意喚起するためのものと推測される。

日本税理士会連合会資料

大丈夫ですか？

事業承継税制特例措置 の

適用期限が迫っています！！

後継者へ円滑な事業承継を進めるには時間がかかります。
　特に自社株式の評価額が高額になる場合には、予想以上の贈与税・相続税が発生してしまい、事業承継を進めることが困難になってしまうリスクがあります。
　このようなケースに対処するために、時限的に**非上場株式等についての贈与税・相続税の納税猶予・免除制度（法人版事業承継税制）の特例措置**が用意されていますが、その適用期限が迫っています。
　ぜひ、このタイミングで**法人版事業承継税制**の適用が必要かどうかの再点検をしておきましょう！

「特例措置」は特例承継計画の提出が必須です

法人版事業承継税制の特例措置は、下記のように従来の一般措置に比べて有利な制度となっていますが、この「特例措置」を使う場合には、**特例承継計画の期限内の提出**が必須です。

⑸　特例措置の適用を受けるか否かの判断基準

　特例措置の適用を受けるか否かの判断基準は、下記のような検討過程により判断すべきものと考えられるが、関与先（経営者と後継者の両者）に対する説明も重要である。

　特例措置の最大のメリットは、「相続税・贈与税の納税が猶予されるだけでなく（課税が繰延べされるだけでなく）、将来的に免除される（免税になる）」ということにあるが、その「猶予及び免除」を受けるためには、継続して要件（5年以内と5年経過後で要件は異なる）を充足し続けるという難関（要件充足の継続）をクリアする必要がある。

　つまり、「要件充足の継続」という難関をクリアできれば、「猶予及び免除」が達成できる仕組みになっている。

　そうすると、特例措置の適用を受けるか否かの判断は、「猶予及び免除」に係る相続税の額と、「要件充足の継続」を達成するためのコスト（手間）のどちらを優先すべきかということにより異なることになる。

　具体的には、次頁［ケース1］のように、「要件充足を継続するためのコスト」を要したとしても、「猶予及び免除される相続税の額」がコストを超過していると判断すれば、「猶予及び免除される相続税の額」

を優先することになり、特例措置の適用を受けることになる。

逆に、[ケース2]のように、「猶予及び免除される相続税の額」がコストを下回っていると判断すれば、「要件充足を継続するためのコスト」を負担する煩わしさを優先して、特例措置の適用を受けないことになる。

猶予及び免除される相続税の額が多額とする判断できる金額は（相続税の猶予対象となる非上場株式の評価額）、次頁**5**(1)から令和2年分の贈与税の申告件数を前提にすると約1億円になる（令和元年は約5,600万円）。

> [ケース1：特例措置の適用を受ける判断を行う場合]
>
> 　猶予及び免除される相続税の額（多額）＞要件充足を継続するためのコスト
>
> [ケース2：特例措置の適用を受けない判断を行う場合]
>
> 　猶予及び免除される相続税の額（少額）＜要件充足を継続するためのコスト

4　本特例の仕組み

(1)　特例措置と一般措置

　法人版事業承継税制（非上場株式等に係る相続税・贈与税の納税猶予及び免除の特例）には、租税特別措置法第70条の7の6他の各規定による措置（以下「特例措置」という）と同法第70条の7の2他の各規定による措置（以下「一般措置」という）の2つの制度があり、特例措置については、平成30年1月1日から令和9年12月31日までの10年間の制度とされている。特例措置と一般措置の制度の主な違いは、下表のとおりである。

日本税理士会連合会資料

	特例措置	一般措置
事前の計画策定等	**特例承継計画の提出** 【提出期限】令和6年3月31日 （令和4年度税制改正で延長）	不要
適用期限	**平成30年1月1日から 令和9年12月31日まで （延長の改正無し）**の贈与・相続等	なし
対象株式	**全株式**	総株式数の最大3分の2まで
納税猶予割合	**100%**	贈与100%　相続80%
承継パターン	複数の株主から**最大3人**の後継者	複数の株主から1人の後継者
雇用確保要件	弾力化	承継後5年間平均8割の雇用維持
事業の承継が困難な事由が生じた場合の免除	あり	なし

(2) 特例措置のあらまし

特例措置は、納付すべき相続税・贈与税のうち、非上場株式等に係る課税価格に対応する相続税・贈与税の納税が猶予され、特例経営承継相続人等が死亡した場合等には、その全部又は一部が免除される制度である。

そして、特例経営承継相続人等の死亡によって、特例経営承継相続人等から非上場株式等を相続等により取得した者についても、一定の要件を満たすことにより、特例措置の適用を受けることができる。

5 本特例の留意点

(1) 本特例の適用を受ける申告書の提出状況

法人版事業承継税制のうち、贈与税の令和2年分（かっこ内は令和元年分）の特例措置と一般措置の適用状況であるが、圧倒的に特例措置の適用が多く、一般措置の適用が稀な状況を示している。

令和2年分	贈与税　法人版（特例措置）	贈与税　法人版（一般措置）
申告件数	758件（770件）	15件（7件）
猶予税額	746億円（432億円）	4億円（2億円）
平均猶予税額	約9,841万円（約5,610万円）	約2,666万円（約2,857万円）

令和2年分の特例措置の適用を受けたケースの特徴として、平均猶予税額は1億円弱であり、かっこ書きの令和元年分でも5千万円を超えている。

贈与税の納税猶予の適用を受けた申告を行った場合には、贈与者が死亡すると相続税の納税猶予に切り替えることができるため、将来的には相続税の猶予・免除への移行を予定しているケースが通常である。

贈与者の死亡により、適用を受けた後継者が贈与税から相続税の納税猶予へ移行した場合、贈与税の猶予税額は免除されるとともに、贈与税が免除された非上場株式に相続税が課税されることになるが、その相続税も一定の手続きを行うことにより納税猶予が継続する仕組みになっている。

　贈与税の猶予税額と相続税の猶予税額は一致するわけではないが、令和2年分の贈与税の平均猶予税額から、相続税の納税猶予に移行した場合の相続税の猶予税額も相当程度、高額なものになることが想定される。

　前頁表の平均猶予税額により、猶予・免除される贈与税額が5千万円（令和元年分）から1億円程度（令和2年分）でないと実行に踏み切れない状況を表しているといえる（猶予株式評価額が1億円弱（令和元年分）から2億円弱（令和2年分））。

(2)　令和4年度税制改正

　令和4年度税制改正では、特例措置について特例承継計画の提出期限（令和5（2023）年3月31日まで）が1年延長された（令和6（2024）年3月31日まで）。

　特例承継期間の提出期限が延長された理由は、「今般の感染症の影響により計画策定に時間を要する場合もあるため」と記述されている（令和4年度税制改正大綱（与党大綱）7頁）。

経済産業省資料

改正概要　○法人版事業承継税制における特例承継計画の確認申請の期限を1年延長

事業承継税制の主な活用プロセス

10年間	5年間	**特例承継計画の確認申請**（⇒都道府県）
		……期限：2023年3月末→**2024年3月末に延長**（※個人版は2024年3月末）
	実際の事業承継	
		……期限：2027年12月末→（※個人版は2028年12月末）

> **[15]　住宅資金贈与の適用要件を誤って助言した結果、贈**
> **与税額が発生してしまった事例**

1　事故事例

　贈与税の事故事例の構成として、相続時精算課税制度に関連する事故と住宅取得等資金の非課税の特例に関連する事故が大部分を占めるが、本件事例は、住宅取得等資金の非課税の特例に係る適用要件について、税理士が依頼者に対し誤った回答をしたことによるものである。

(1)　事故の概要

　税理士は、依頼者より相続税対策の相談を受け、住宅取得等資金非課税の特例を適用しての贈与の提案を行った。依頼者はその内容に基づき住宅資金の贈与を行い、税理士が贈与税の申告書の作成及び提出を行った。

　その後、税務署より住宅取得等資金の非課税の特例の適用ができないと連絡があり、依頼者に400万円の贈与税が発生した。

　発生した贈与税額について、税理士は依頼者から損害賠償請求を受けた。

(2)　事故発覚の経緯

　税務署より、建物の面積が適用要件である240㎡を超過しているため、住宅取得等資金の非課税の特例の適用ができないと連絡があり発覚した。

(3)　事故の原因

　相談を受けた時や、贈与税の申告書を作成しているときに、適用要件をしっかり確認していれば、建物の面積が超過しており住宅取得等資金の非課税の特例の適用を受けることができないと確認することができたが、税理士がその確認作業を怠ったため。

(4) 税賠保険における判断（保険金支払対象外と判断した理由）

依頼者に誤った回答を行ったという点では、税理士の善管注意義務違反は認められる。

しかし、住宅取得資金の贈与の相談を受けた際には建物はほぼ完成しており、仮に床面積が240㎡を超過しているため適用不可であることに気付いたとしても、床面積等の変更は不可能な段階であった。

また、現実には依頼者は現金贈与を受けている以上は、納付した贈与税は本来納付すべきである税金であり、将来的な相続時の影響についても本件以外の不確定要素が多く、注意義務違反と因果関係のある損害が発生したとは認められないことから、保険金支払の対象外と判断された。

2 事故事例の要因

(1) 相続税対策として住宅取得等資金非課税の特例の提案

依頼者より相続税対策の相談を受けた際に、税理士が住宅取得等資金非課税の特例（以下「本特例」という）（措法70の2）を提案したことは適正な判断といえる。

贈与の特例には、本特例以外に、「教育資金の一括贈与に係る贈与税の非課税（措法70の2の2)」・「結婚子育て資金の一括贈与に係る贈与税の非課税（措法70の2の3)」などがあるが、それらの特例は贈与者が死亡した場合には、死亡時点で贈与財産のうち使い切っていない残高は相続財産に加算（持ち戻し）される仕組みになっているため（一部除外規定もある）、相続対策としての効果は期待できない可能性がある。

しかし、本特例は贈与者が死亡しても、贈与した住宅取得等資金が贈与者の相続財産に加算（持ち戻し）されることはなく、受贈者の贈与税も非課税となる特例であることから、相続対策として有効であり、使い勝手の良いものといえる。

(2) 適用要件の確認不足

税理士が、本特例を依頼者の相続対策として提案したことは誤りでは

なかったが、本特例の適用要件である建物の床面積の上限を確認しなかったことによる誤りがあった。

3 事故事例からの教訓（落とし穴）及び関連事項

・本件事故は保険金支払の対象外。

・適用要件の１つである床面積は上限だけでなく下限もある。

・床面積の判断基準。

・本特例の平成27年度の事故事例。

⑴ 本件事故は保険金支払の対象外

前記１の記述から「建物の面積が超過しており特例の適用を受けることができないと確認することができたが、税理士がその確認作業を怠った」ようであり、「住宅取得等資金の贈与の相談を受けた際には建物はほぼ完成しており、仮に床面積が240㎡を超過しているため適用不可であることに気付いたとしても、床面積の変更は不可能な段階であった。」ようである。

結論としては「善管注意義務違反と因果関係のある損害が発生したとは認められない」ことから、保険金支払の対象外とされた。

保険金が支払われなくても、税理士が依頼者に損害賠償金を支払うことになれば、税理士は自己資金を持ち出すことになる。

税理士の持ち出しになるような事態を防ぐには、依頼者の依頼内容を的確に把握するとともに法令の規定を十分に確認することに尽きる。

⑵ 適用要件の１つである床面積は上限だけでなく下限もある

本件事例は、適用要件の１つである床面積の上限240㎡を超過しているケースであるが、床面積は上限だけでなく下限40㎡も設定されている。

実務で事故が想定されるかケースとして、床面積の上限だけでなく、

下限が40㎡に引き下げられるとともに、贈与を受けた年の所得税に係る合計所得金額が1,000万円以下の者に限られていることにも留意する必要がある。

(3) 床面積の判断基準

床面積の判断基準は、租税特別措置法通達で次のように取り扱われている（措通41－10～12）。

① 床面積は、登記簿に表示されている床面積により判断する。

② マンションの場合は、階段や通路など共同で使用している部分（共有部分）については床面積に含めず、登記簿上の専有部分の床面積で判断する。

③ 店舗や事務所などと併用になっている住宅の場合は、店舗や事務所などの部分も含めた建物全体の床面積によって判断する。

④ 夫婦や親子などで共有する住宅の場合は、床面積に共有持分を乗じて判断するのではなく、ほかの人の共有持分を含めた建物全体の床面積によって判断する。

ただし、マンションのように建物の一部を区分所有している住宅の場合は、その区分所有する部分（専有部分）の床面積によって判断する。

(4) 本特例の平成27年度の事故事例

平成27年度の本特例での事故は「税理士が依頼者の配当所得の申告方式を誤ったため、直系尊属からの住宅取得等資金の贈与を受けた場合の非課税の適用を受けられなくなり過大納付が発生した事例」である。

本件事例は、税理士が本特例に係る贈与税の申告依頼とあわせて所得税の申告依頼を受けたが、所得税の申告に係る上場株式等の配当所得について申告不要を選択すべきであったところ申告分離課税を選択してしまったことにより、合計所得金額が2,000万円超となり本特例の適用を満たさないことになったものである。

　以下の【事故概要】・〈コメント〉を確認いただき、同様の誤りを防ぐための参考にしていただきたい。

【事故概要】

　税理士は依頼者へ直系尊属からの住宅取得等資金の贈与を受けた場合の非課税についての説明をし、贈与の時期の決定及び住宅取得の時期の決定を行った。依頼者は税理士との打合せのとおり年内に贈与を行い、必要書類についての打ち合わせを行った。

　税理士は依頼者の同年分所得税の申告も受任していたが、その際、上場株式の配当について本来は申告不要を選択すべきところ、特段確認検討をせず申告分離課税を選択したため、結果として依頼者の合計所得金額が2,000万円を超えてしまうことになった。

　税理士はその後、贈与税の特例を適用した申告書を提出したが、税務署より申告書の見直しについて連絡を受けたことにより誤りが発覚した。

　税理士が贈与税の特例の適用を認識していながら、上場株式の配当についての検討を行わずに申告したため、依頼者が贈与税の特例を受けられずに過大納付となった贈与税額につき、依頼者から損害賠償請求を受けた。

〈コメント〉

　税理士は、当初より贈与税の特例の適用を受けるために依頼者との打合せを重ねていたが、依頼者の所得税確定申告にあたり、上場株式の配当については複数の選択肢が考えられた。

　依頼者の収入状況は変わらないものの、所得税の確定申告の仕方により合計所得金額に含まれる場合と含まれない場合あり、本件贈与税の特例の適用を前提としていた税理士は、適用要件である合計所得金額の確認及び申告方式の選択を行うべきであったものと考えられる。

　申告不要の規定を選択していれば贈与税の特例が受けられた本件では、贈与税の特例適用できなかったことは税理士の責任と認められた。

※「税理士職業賠償責任保険　事故事例　平成27年度（2015年7月1日
　〜2016年6月30日）」より引用

---

4 本特例の仕組み

⑴ 令和4年度税制改正前の本特例のあらまし

　本特例は、平成27年1月1日から令和3年12月31日までの間に、父母や祖父母など直系尊属からの贈与により、自己の居住の用に供する住宅用の家屋の新築・取得又は増改築等の対価に充てるための金銭を取得した場合において、一定の要件を満たすときは、下図の非課税限度額までの金額について、贈与税が非課税となる制度であった（措法70の2）。

自民党税制調査会資料

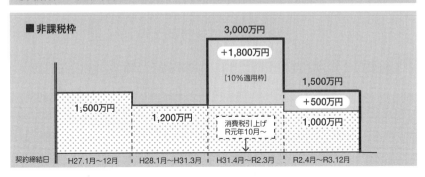

親・祖父母等（贈与者）が住宅取得等の資金を贈与する場合、契約締結の時点に応じた非課税枠まで非課税とする。
（平成27年1月1日〜令和3年12月31日までの措置）※適用件数（令和2年）：6万件

■適用要件
●住宅面積：床面積50㎡以上240㎡以下の住宅用家屋（合計所得金額が1,000万以下の者：下限を40㎡以上に引下げ）
●受贈者　：直系卑属（20歳以上、合計所得金額2,000万円以下）

■非課税枠

	3,000万円	
	+1,800万円	1,500万円
	[10%適用枠]	+500万円
1,500万円	1,200万円 / 消費税引上げ R元年10月〜	1,000万円

契約締結日　H27.1月〜12月　｜　H28.1月〜H31.3月　｜　H31.4月〜R2.3月　｜　R2.4月〜R3.12月

（注）1　上図は、耐震・省エネ・バリアフリー住宅向けの非課税枠。一般住宅の非課税枠はそれぞれ500万円減。
　　　2　既存住宅は、①築後年数が20年（耐火建築物は25年）以内又は②耐震基準に適合していることが必要。
　　　3　平成31年3月末までに請負契約を締結すれば、引渡しが令和元年10月を過ぎても、消費税率は旧税率（8%）を適用。
　　　4　東日本大震災の被災者に係る非課税枠は、令和3年12月末まで、1,500万円で据置き。ただし、消費税率10%が適用される住宅購入者の平成31年4月から令和2年3月までの非課税枠については、3,000万円。（それぞれ、耐震・エコ・バリアフリー以外の一般住宅は500万円減）
　　　5　原則として贈与を受けた年の翌年3月15日までに住宅を取得する必要がある。

① 適用を受けるための受贈者の主な要件

受贈者が、本特例の適用を受けるための主な要件は次のとおりであった（措法70の2①・②一、措令40の4の2①）。

イ　贈与を受けた時に贈与者の直系卑属（贈与者は受贈者の直系尊属）であること。

　（注）　配偶者の父母（又は祖父母）は直系尊属には該当しないが、養子縁組をしている場合は直系尊属に該当する。

ロ　贈与を受けた年の1月1日において、20歳以上であること。

ハ　贈与を受けた年の年分の所得税に係る合計所得金額が2,000万円以下（新築等をする住宅用の家屋の床面積が40㎡以上50㎡未満の場合は、1,000万円以下）であること。

ニ　自己の配偶者・親族などの一定の特別の関係がある者から住宅用の家屋の取得をしたものではないこと、又はこれらの者との請負契約等により新築若しくは増改築等をしたものではないこと。

ホ　贈与を受けた年の翌年3月15日までに住宅取得等資金の全額を充てて住宅用の家屋の新築等をすること。

ヘ　贈与を受けた年の翌年3月15日までにその家屋に居住すること又は同日後遅滞なくその家屋に居住することが確実であると見込まれること。

　（注）　贈与を受けた年の翌年12月31日までにその家屋に居住していないときは、本特例の適用を受けることはできないため、修正申告が必要となる。

② 対象となる住宅用家屋の主な要件

〈建築後使用されたことのない住宅用の家屋〉

受贈者の居住の用に供する家屋で、次の要件を満たすものをいう（措法70の2②二、措令40の4の2②）。

イ　その家屋の床面積の2分の1以上に相当する部分が受贈者の居住の用に供されるものであること

ロ　国内にあること

ハ　次のいずれかの要件を満たすものであること

㈣　一棟の家屋の床面積が40㎡以上240㎡以下であること

㈡　マンションなどの区分所有建物の場合はその専有部分の床面積が40㎡以上240㎡以下であること

〈建築後使用されたことのある住宅用の家屋〉

　受贈者の居住の用に供する家屋で、次の要件を満たすものをいう（措法70の2②三、措令40の4の2③④⑨）。

イ　上記イからハまでの要件を満たすものであること

ロ　次の家屋の区分に応じそれぞれに定める要件を満たすものであること

㈣　耐火建築物の場合は、建築後25年以内であること等

㈡　耐火建築物以外の建築物の場合は、建築後20年以内であること等

⑵　**本特例の令和4年度税制改正による見直し**

令和4年度税制改正では、本特例について次のような見直しが行われた。

①　**適用要件**

適用期限が、令和5年12月31日まで2年間延長された。

②　**非課税限度額**

非課税限度額は、次のように区分されることになった。

イ　良質な住宅（一定の耐震性能・省エネ機能等を有するもの）

　　⇒　1,000万円

ロ　上記以外の住宅　⇒　500万円

ハ　東日本大震災の被災者は、改正前の制度が2年間延長

③　**床面積の下限**

住宅の床面積要件の下限は、改正前の要件（40㎡）が維持された。

④　**築年数要件**

築年数要件（耐火住宅25年・非耐火住宅20年）は、「昭和57年以降に建築された住宅」に緩和された。

⑤　年齢要件

受贈者の年齢要件は、18歳以上（令和4年4月1日以後）に引き下げられた。

財務省資料

■ **適用要件**
● 住宅面積：床面積50㎡以上240㎡以下の住宅用家屋（合計所得金額が1,000万以下の者：下限を40㎡以上に引き下げ）
● 受贈者　：直系卑属（合計所得金額2,000万円以下など）

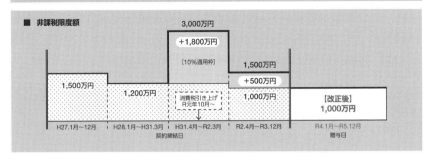

5　本特例の留意点

(1)　非課税限度額の引下げ

令和4年度税制改正前の本特例は、住宅用の家屋の新築等に係る契約の締結日に応じて、また、省エネ等住宅に該当するか否か及び負担した消費税額により、非課税限度額が区分されていた。

しかし、改正後は省エネ等住宅に該当するか否かのみにより判定を行うことになるとともに、省エネ等住宅に該当しても、非課税限度額は1,000万円に引き下げられることになった（他の住宅は500万円）。

ただし、東日本大震災の被災者に対しては、改正前制度の非課税限度額が維持された。

	〈改正前〉	〈改正後〉
住宅用家屋の新築等に係る契約の締結日	令和2年4月1日から令和3年12月31日まで	契約の締結時期にかかわらず
① 省エネ等住宅 新築家屋に含まれる消費税10% 新築家屋に含まれる消費税8%など	1,500万円 1,000万円	1,000万円（引き下げ）
② 上記①以外の住宅 新築家屋に含まれる消費税10% 新築家屋に含まれる消費税8%など	1,000万円 500万円	500万円（引き下げ）
③ 震災特例法 省エネ等住宅 上記以外の住宅	1,500万円 1,000万円	1,500万円（据置き） 1,000万円（据置き）

⑵ 改正前の契約締結日による非課税限度額の判定の廃止

改正前は、住宅用の家屋の新築等に係る契約の締結日に応じて、非課税限度額の区分を行っていたが、改正後は契約の締結日にかかわらず、住宅取得等資金の贈与を受けて新築等をした住宅用家屋の区分（省エネ等住宅か否か）に応じて、非課税限度額が上表のように異なることになった。

⑶ 省エネ等住宅の範囲

省エネ等住宅とは、省エネ等基準（①断熱等性能等級4以上若しくは一次エネルギー消費量等級4以上であること、②耐震等級（構造躯体の倒壊等防止）2若しくは免震建築物であること又は③高齢者等配慮対策等級（専有部分）3以上であることをいう）に適合する住宅用の家屋であることにつき、次頁図表のAからFのいずれかの証明書などを贈与税の申告書に添付することにより証明がされたものをいう。

国税庁資料

証明書などの種類			証明対象の家屋
A	住宅性能証明書		① 新築をした住宅用の家屋
			② 建築後使用されたことのない住宅用の家屋
B	建設住宅性能評価書の写し		③ 建築後使用されたことのある住宅用の家屋（※1）
			④ 増改築等をした住宅用の家屋
C	住宅省エネルギー性能証明書（※2）		
D	次のa及びbの両方の書類		
	a	長期優良住宅建築等計画の認定通知書の写し	① 新築をした住宅用の家屋
	b	住宅用家屋証明書（その写し）又は認定長期優良住宅建築証明書	② 建築後使用されたことのない住宅用の家屋
E	次のc及びdの両方の書類		③ 建築後使用されたことのある住宅用の家屋（※3）
	c	低炭素建築物新築等計画の認定通知書の写し	
	d	住宅用家屋証明書（その写し）又は認定低炭素住宅建築証明書	
F	増改築等工事証明書（※4）		④ 増改築等をした住宅用の家屋

※1　建築後使用されたことのある住宅用の家屋の場合は、その取得の日前2年以内又は取得の日以降に、その証明のための家屋の調査が終了したもの又は評価されたものに限ります。

※2　次の家屋の区分に応じ、それぞれ次に定めるものに限ります。
　　(1)　新築又は建築後使用されたことのない住宅用の家屋　令和5年3月31日まで（注）に、その証明のための家屋の調査が終了したもの
　　(2)　建築後使用されたことのある住宅用の家屋　その取得の日前2年以内又は令和5年3月31日まで（令和4年10月1日以後にその家屋の取得をする場合にあっては、取得の日以後6か月以内）（注）に、その証明のための家屋の調査が終了したもの
　　（注）　令和5年4月1日以後に居住の用に供される家屋の場合は、(1)で「令和5年3月31日まで」とあるのは「その家屋の取得の日前」と、(2)で「その取得の日前2年以内又は令和5年3月31日まで（令和4年10月1日以後にその家屋の取得をする場合にあっては、取得の日以後6か月以内）」とあるのは「その取得の日前2年以内又は取得の日以後6か月以内」となります。

※3　建築後使用されたことのある住宅用の家屋の場合は、住宅用家屋証明書（その写し）を除きます。

※4　増改築等に係る工事が住宅用の家屋を省エネ等住宅の基準に適合させるためのものであることについて証明がされたものに限ります。

(4)　改正前における消費税負担額による区分の廃止

　改正前は、住宅用の家屋の新築等に係る契約の締結日にだけでなく、住宅用の家屋に含まれる消費税等の税率が10%であるか否かによっても、非課税限度額が区分されていたが、改正後は消費税等の税率は区分要素から除かれることになった。

(5)　既存住宅の適用要件の緩和

　改正前における、既存住宅の適用要件である築後年数要件が廃止され、住宅ローン控除制度の改正と同様に「昭和57年以降に建築された住宅」となった。

(6) 受贈者の年齢の引下げ

受贈者の年齢要件は20歳から18歳に引き下げられたが、その引き下げは民法改正によるものである。

巻末資料

令和4年度版

自己診断チェックリスト

- ☐ 法人税申告チェックリスト
- ☐ 消費税申告チェックリスト
- ☐ 消費税選択チェックリスト（法人用）
- ☐ 相続税申告チェックリスト
- ☐ 譲渡所得税（土地等・建物の譲渡）申告チェックリスト

税賠保険事故の未然防止を

　近年、職業専門家が果たす役割に対する社会的要請の高まりに伴い、税理士の専門家責任が厳しく問われています。

　税理士業務の遂行にあたっては、常に事故の起きる危険性があることを認識する必要があります。

　多くの保険事故は単純ミス、うっかりミスに起因しており、未然に防止できるものです。これらのミスを防ぐため、この自己診断チェックリストをご活用いただければ幸いです。

　なお、このチェックリストは、公益財団法人日本税務研究センターの監修により作成しています。

JTRI 公益財団法人 日本税務研究センター
株式会社 税連保険サービス

法人税申告チェックリスト

それぞれがチェックした日を日付欄に記入すること。

関与先名	事業年度		担当者欄	確認者欄
	自　年　月　日	氏　名		氏　名
	至　年　月　日	チェック日　年　月　日		チェック日　年　月　日

No.	項目	チェックの内容	担当者チェック欄	確認者チェック欄
1	前期の確認	前期の申告書・決算諸表を確認し、当期の申告に影響のある項目のチェックをしたか		
2	棚卸資産	貯蔵品・預け在庫等の棚卸資産の計上漏れがないか。棚卸資産の期末評価は所定の評価方法で行われているか。仕掛品の計上は売上計上時期との整合性がとれているか		
3	売掛債権	決算月の締め後の売上計上などの売上（売掛債権）計上漏れがないか		
4	有価証券	有価証券評価損（減損）の計上を検討したか。会計上と異なる税法上の評価損計上の要件を具備しているか		
5	外貨建資産、負債	外貨建取引に係る発生時換算、期末時換算の換算処理及び為替予約処理が適正に行われているか		
6	減価償却	耐用年数の適用に誤りはないか		
		資本的支出と修繕費の区分は正しくされているか		
		取得価額30万未満の中小企業者等の特例を含めた少額減価償却資産の取扱いが正しく行われているか。一時に損金算入される少額減価償却資産から貸付け（主要な事業として行われるものを除く）の用に供したものを除外しているか		
7	特別償却又は特別税額控除	期中に設備等を取得した場合に、特別償却又は特別税額控除が適用できるものかどうかを確認したか		
		特別償却と特別税額控除の有利・不利を比較したか		
8	リース取引	所有権移転外ファイナンス・リース取引について会計処理をしたものが、売買取引又は金融取引に該当するなど、税法上の取扱いと違いがないか確認しているか		
9	長期前払費用・保険積立金	定期保険、養老保険等の支払保険料の保険積立金処理、長期前払費用計上・取崩の処理が法基通9-3-5の2などに基づいて的確にされているか		
10	繰延資産	当期に支出した費用でその効果が1年以上に及ぶものとして税法上の繰延資産となるものがないかどうかを確認したか		
11	役員給与	期中に役員給与の改訂があった場合に、期中に支給した役員給与が定期同額給与に該当するかどうかを検討しているか。また、改訂の決議をした株主総会等の議事録の存在を確認しているか		
		事前確定届出給与を支給した場合に、届出どおりに支給されているかどうかの確認をしたか		
		翌職務執行期間で一時金の支給をするかどうかをクライアントに確認しているか。また、一時金の支給を予定している場合に、事前確定届出書を提出期限までに提出できる準備が済んでいるか		

No.	項目	チェックの内容	担当者 チェック欄	確認者 チェック欄
11	役員給与（続き）	使用人兼務役員になれない専務取締役等、同族会社役員のうち特定株主等に該当する者に対する給与を使用人分給与としていないか		
12	交際費 （交際費課税がされる場合のみ）	旅費交通費、諸会費、支払手数料等の隣接費用の中で、税法上の交際費等に該当するものがあるか否かを確認したか		
		外部飲食費用等で1人あたり5,000円以下のものを税法上の交際費等から除外する際に飲食場所、参加者、参加人数等を記載した資料を保存しているか		
		50%の損金算入が認められる接待飲食費の額が正しく計算されているか（接待飲食費の50%損金算入を適用した場合に限る）。資本金が100億円超の法人はこの損金算入が認められない		
13	貸倒損失	税務上認められる貸倒れ処理の事実要件を具備しているか		
14	業務委託費	コンピュータのソフト関係の費用で減価償却資産（ソフトウエア）に該当するものはないか		
15	租税特別措置	賃上げ促進税制（令和4年度改正）、試験研究費に係る税額控除、圧縮記帳などの租税特別措置法に規定されている特例制度が適用される事実があるかどうかを確認したか		
16	中小企業等の特例	軽減税率、特別償却・税額控除、貸倒引当金の法定繰入率の適用、欠損金の繰越控除など中小企業者等に認められている特例を適用する場合に、その適用される中小企業者の範囲が制度によって違うがその確認をしているか		
17	グループ法人税制	100%完全支配関係にあるグループ会社の場合に、100%グループ内の他の会社との間に寄附金の損金不算入（受贈益の益金不算入）、資産の譲渡損益の繰延べなどのグループ法人単体課税制度の適用を受ける取引を行っているかどうかを確認したか。子会社の場合に、中小企業向け特例措置の不適用となる100%完全子会社に該当するかどうかの確認をしているか		
		グループ間の取引がなくても完全支配関係の系統図を申告時に提出することになるが用意しているか		
18	税制改正関係・ コロナ禍関係・ 災害関係	DX税制、カーボンニュートラル投資促進税制、中小企業事業再編投資損失準備金制度について、いずれも適用の前提として産業競争力強化法に基づく計画認定を受けているか。試験研究費の範囲が拡充されたが見直しを行っているか		
		大企業の税額控除適用制限措置及び新所得拡大促進税制の見直し、地方拠点強化税制の見直し、企業版ふるさと納税制度の見直し、交際費等の損金不算入制度の見直し等がされているが、今回の申告に当たってこれらの改正点を確認しているか		
		新型コロナ対応税制では、申告期限の個別延長、納税猶予、災害損失金の繰戻し還付制度の適用、取引先に対する売掛金の免除、業績が悪化した場合の役員給与の減額、テレワーク等のための設備に対する中小企業経営強化税制の拡充等の税制特別措置が講じられているが、これらの措置の適用		

No.	項目	チェックの内容	担当者チェック欄	確認者チェック欄
18	税制改正関係・コロナ禍関係・災害関係（続き）	可否、適用期限を検討しているか		
		一連の災害に関する税制措置（常設化を含む）の対応が適正に行われているか		
19 申告書関係	別表一・同次葉	中小企業者等の法人税率の軽減措置の適用対象法人であるか否かを資本金額だけでなく、大法人による支配関係の有無などを含めて検討しているか		
	別表二	「判定基準となる株主等の株式数等の明細」の記載が期末現在の株主名簿の内容と一致しているか。株式数等と議決権数の記載が正しいか。自己株式について記載し、割合算出上、分母から除外しているか		
	別表四	加算・減算の調整項目に不適切な表現や漏れがないか。留保、社外流出の区分は適正に行われているか。剰余金の配当等が行われている場合には社外流出・配当欄に記載したか		
	別表五（一）	「期首現在利益積立金額」欄に記載されたものが、当期の申告調整に影響するもの（当期で加算・留保又は減算・留保として別表四で調整すべきもの）であるかどうかの確認をしたか		
		増減資、自己株式取得、組織再編成などによる資本金等の額に増減はないか。増減があった場合は明細書にその異動内容を記載したか		
		別表4社外流出欄合計＋別表5⑴期首利益積立金額合計－中間分・確定分法人税等・道府県民税・市町村民税合計額＝差引翌期首現在利益積立金額合計の検算は行ったか		
	別表五（二）	租税公課等の納付状況等が正しく記載されているか。損金不算入項目が正確に記載されているか		
		「納税充当金の計算」欄の記載が正しくされており、期末納税充当金の額が貸借対照表の金額と一致しているか		
	別表六（一）	所有期間の按分を要するものについて、その計算と記載が適正に行われているか（復興特別所得税も含む）		
	別表七（一）	中小企業者等に該当する場合を除き、損金算入限度額が欠損金控除前の所得金額の50％相当額となっているか。		
	別表八（一）	短期保有株式等に係るものとして益金不算入の対象から除外される配当はないか。みなし配当はないか		
		関連法人株式等については、負債利子控除の適用があるが、関連法人株式等に係る配当等の額×4％（原則）又はその事業年度の負債利子等の額×10％相当額（例外）の計算を正しく行っているか（令和4年度改正）		
	別表十一（一）	繰入れが認められる法人の場合、取引相手先（債務者）について個別評価金銭債権に係る貸倒引当金の繰入れが認められる事実があるかどうかを確認しているか。事実がある場合に当該明細書の記載が正しいか		
	別表十一（一の二）	繰入れが認められる法人の場合、一括評価金銭債権に係る貸倒引当金の繰入れについて、実績繰入率などを正しく計算し当該明細書に正確に記載しているか。法定繰入率を適用する場合に実質的に債権とみられないものの額を控除して計算しているか		

No.	項目	チェックの内容	担当者 チェック欄	確認者 チェック欄
19 申告書関係	別表十四（二）	寄附金の損金算入限度額の計算における資本金基準が（資本金額＋資本準備金の額）×1000分の2．5で計算しているか（令和4年度改正）		
		指定寄附金、特定公益増進法人等に対する寄附金があった場合に、当該明細書にその旨の記載をしているか。令和3年4月1日以後、特定公益増進法人に対する寄附金から「出資に関する業務に充てられる」寄附金は除外された		
	別表十五、 別表十六（十）	交際費課税がされない中小法人等も別表十五を提出するがその準備ができているか。交際費等に係る控除対象外消費税等の額を支出交際費等の額に含めているか。資産に係る控除対象外消費税額等の損金算入処理が行われているか。特に居住用賃貸建物に係る控除対象外消費税等の処理は正確に行われているか		
	その他	特別償却や特別税額控除の適用など当初申告要件（明細書添付要件）となっている場合に、当該明細書（別表六関係ほか）の記載をし、申告書一式の中に含める準備をしているか		
		租税特別措置法の各制度を適用している場合に所定の事項、金額を記載した「適用額明細書」を提出する準備ができているか		
20	法人事業概況説明書又は会社事業概況書	税務署所管法人が提出する「法人事業概況説明書」は、「役員又は役員報酬額の異動の有無」や「代表者に対する報酬等の金額」欄の記載に注意する必要があるが、その記載に不備はないか		
		大法人などが提出する「会社事業概況書」についても、その記載内容の確認をしているか		
21	会社に対する説明	申告書の提出前に、会社の役員等に対して当期の決算内容、申告内容の説明を行い、承諾を得ているか		
		消費税、地方税も含めた納付税額又は還付税額の説明を行い、承諾を得ているか。特に翌期以降の消費税等の予定納税の金額、回数などについて確認をしているか		
22	代表者の自署押印等	申告書における代表者等の自署押印制度は廃止されているが、申告書提出前に、代表者に申告内容について説明し承諾を得ているか		
23	税務代理権限証書	税務代理権限証書に税務代理の依頼者として記名を得ているか。また、調査の事前通知は税務代理人のみで良いかどうかの確認をし、その旨の✓を付したか		
24	役員改選等の重要事項の確認	役員の変更、役員の改選時期を確認し、それに伴う登記手続きの指導をしたか		
		会社の今後の設備投資の予定、従業員採用計画、経営状況の変化など重要事項の確認をしたか		
		会社の役員、経理担当者に本年度の税制改正の内容、今後の税制改正の動きなどの説明をしたか		

●チェック欄には、OKの場合は○、該当ない場合は△、NOの場合は×とコメントを記入すること。
　また、一旦×となった場合は、○又は△と記入できるまでその理由・原因を調査すること。
●本チェックリストは、一般的な必要最低限の項目のみを対象としており、当該会社の実情等を勘案し、適宜項目を追加した上で利用すること。

消費税申告チェックリスト

それぞれがチェックした日を日付欄に記入すること。

関与先名	課税期間				担当者欄		確認者欄	
	自　　年　　月　　日				氏　名		氏　名	
	至　　年　　月　　日				確認日　　年　　月　　日		確認日　　年　　月　　日	

No.	項目	チェックの内容	担当者チェック欄	確認者チェック欄
1	消費税選択チェックリスト（法人用）の確認等	消費税選択チェックリストにより、当課税期間の納税義務、課税方式等の確認及び検討をしたか		
		当課税期間：全額控除　個別対応　一括比例配分　簡易課税		
		消費税選択チェックリストにより、翌課税期間の納税義務、課税方式等の確認及び検討をした上で、必要な届出をしたか		
		法人税の申告期限の延長の特例を受けている場合に、消費税申告期限延長届出書を提出したか		
		e-Taxのメッセージボックスを確認したか		
		資本金１億円超の特定法人について、添付書類も含めてe-Taxによることとしているか		
		過去の税務調査における指摘事項を確認したか		
2	非課税	住宅の貸付けの判定として、契約において用途が明らかにされていない場合に、賃借人や住宅の状況その他の状況からみて人の居住の用に供されていることが明らかな場合には、非課税としたか		
		住宅の貸付けの保証金等（返還しない部分）を非課税売上げに計上したか		
		住宅の貸付けであっても保証金から差し引く原状回復費用相当額は課税売上げに計上したか		
		土地の貸付けの非課税は、更地の貸付け又は借地権の貸付けであることを確認したか		
		借地権の設定の対価を非課税売上げに計上したか		
		物品切手等（商品券等）の発行を非課税売上げとしていないか		
		郵便切手類の譲渡は、課税売上げとしたか（郵便局等以外）		
		郵便切手類の仕入れは、購入時又は使用時に課税仕入れとしたか		
3	輸出免税	資産の輸出販売について、輸出許可書等の保存があることを確認したか		
		非居住者に対する無体財産権の譲渡又は貸付けについて、契約書等の保存があることを確認したか		
		非居住者に対する役務の提供について、契約書等の保存があることを確認したか		
		令和３年10月１日以後に資産を郵便物として輸出する場合（原則として、当該郵便物の販売金額20万円以下の場合）に、発送伝票の控え及び日本郵便株式会社から交付を受けた引受証等の書類の保存があることを確認したか		

No.	項目	チェックの内容	担当者 チェック欄	確認者 チェック欄
4	課税標準額	継続する事業の課否判定について、連年ミスの防止に注意しているか		
		新事業の売上げについて、課否判定を検討したか		
		ネット処理（相殺処理）をしたものについて、グロスの金額で売上げと仕入れを計上したか		
		固定資産等の譲渡について、売却損益にかかわらず譲渡対価の額を売上高としたか		
		土地建物一括譲渡について、対価の額を適正に区分したか		
		雑収入について課税売上げを確認したか		
		新型コロナウイルス感染症の影響に伴い、国・地方公共団体から支給を受ける助成金や給付金を課税対象外としたか		
		市町村から受ける新型コロナウイルス感染症に係るワクチンの接種事業の委託料を課税売上げに計上したか		
		役員への資産の贈与（みなし譲渡）について、適正な時価を売上高に計上したか（棚卸資産は、販売価額×50％又は仕入価額のうち高い金額）		
		役員への低額譲渡について、適正な時価を売上高に計上したか		
		法人税において工事進行基準を適用していることを確認したうえで、消費税についても適用するかどうか検討したか		
		法人税において延払基準又は10年均等取崩特例を適用していることを確認したうえで、消費税についても適用するかどうか検討したか		
5	適用税率	旧税率を適用する経過措置を確認したか		
		旧税率8％（国税6.3％）と軽減税率8％（国税6.24％）とは適正に区分したか		
		軽減税率と標準税率の一括譲渡に係る値引き等については、交付する領収書等に適用税率ごとの値引額又は値引額控除後の対価の額を記載したか		
		基準期間における課税売上高が5000万円を超える場合に、中小事業者の税額計算の特例を適用していないか		
		中小事業者の税額計算の特例の適用について、事業ごとの割合の算出を検討したか		
6	課税売上割合	免税売上げを分母分子に算入したか		
		雑収入について非課税売上げを確認したか		
		有価証券等の譲渡対価は、5％相当額を分母に算入したか		
		金銭債権の譲渡対価は、5％相当額を分母に算入したか		
		暗号資産（仮想通貨）の譲渡対価の額を分母に算入していないか		
		資産の譲渡等以外の収入（不課税売上げ）を算入していないか		
		国外支店等における販売収入（不課税売上げ）を算入していないか		
		非課税資産の輸出売上げの金額を分子にも算入したか		
		資産の国外移送につき、FOB価額を分母分子に算入したか		
		返還等売上対価の額を控除したか		

No.	項目	チェックの内容	担当者チェック欄	確認者チェック欄
7	仕入税額控除（課税仕入れ）	課税仕入れの日（原則として引渡基準）を確認したか		
		固定資産の取得につき課税仕入れとそれ以外を区分したか		
		居住用賃貸建物の課税仕入れを控除対象から除外したか		
		売買取引となるリース取引につき、一括控除又は分割控除の確認をしたか		
		分割控除により賃借料の支払を課税仕入れとする場合に、適用税率を確認したか		
		金融取引となるリース取引につき、課税売上げ又は課税仕入れを計上していないか		
		人的役務の提供を受けた場合に、相手方において所得税の給与所得に区分されるべきものであるかどうかにより課税仕入れの判定を行ったか		
		通勤手当（通勤のために通常必要とする範囲内）を課税仕入れとしたか		
		軽油引取税等の個別消費税を除いたか		
		免税事業者又は消費者からの課税仕入れを除外していないか		
		課税資産の譲渡等を行う事業者が適正に判断した税率によって税額を算出したか		
		納税者に帳簿及び請求書等の保存を要請したか		
		軽減税率対象資産とそれ以外を同時に購入した場合、税率ごとに区分して帳簿に記載したか		
		軽減税率対象資産とそれ以外を同時に購入した場合、区分記載請求書を保存しているか		
		軽減税率対象資産とそれ以外を同時に購入した場合、区分記載されていない請求書等に次を追記したか ①軽減対象資産にはその旨 ②税率ごとの税込対価の額の合計額		
8	仕入税額控除（輸入の消費税）	輸入許可書を確認したか		
		輸入許可書に記載された消費税額を積算したか		
		地方消費税を控除税額に含めていないか		
		関税を控除税額に含めていないか		
9	仕入税額控除（全額控除）	課税売上割合が95％以上で課税売上高が5億円以下であることを確認したか		
10	仕入税額控除（個別対応方式）	課税売上対応分、非課税売上対応分、共通対応分の区分は課税仕入ごとに行ったか		
		共通対応分の課税仕入れ等につき「合理的な基準による区分」を検討したか		
		課税期間の末日までに、課税売上割合に準ずる割合の承認を受けているか		
		課税期間の末日までに課税売上割合に準ずる割合の申請書を提出し、同日の翌日以後1月以内に承認を受けているか		
11	仕入税額控除（一括比例配分方式）	一括比例配分方式の適用に当たっては、2年間継続適用を考慮して有利不利の判定を行ったか		

No.	項目	チェックの内容	担当者 チェック欄	確認者 チェック欄
12	仕入税額控除の 調整 (調整対象固定資産)	課税売上割合の著しい変動を確認したか		
		課税業務用から非課税業務用への転用を確認したか		
		非課税業務用から課税業務用への転用を確認したか		
13	仕入税額控除の 調整 (棚卸資産)	前課税期間が免税事業者である場合、期首棚卸資産(免税期間中の仕入れ分)の調整をしたか		
		翌課税期間が免税事業者である場合、期末棚卸資産(当課税期間の仕入れ分)の調整をしたか		
		課税事業者が、相続、合併又は分割により、免税事業者から引き継いだ棚卸資産(免税期間中の仕入れ分)の調整をしたか		
14	仕入税額控除の 調整 (居住用賃貸建物)	居住用賃貸建物を調整期間内に課税賃貸用に供した場合の調整をしたか(第三年度の末日に有する場合)		
		居住用賃貸建物を調整期間内に譲渡した場合の調整をしたか		
15	仕入税額控除 (簡易課税)	事業区分は課税売上げごとに行ったか		
		金融業及び保険業のみなし仕入率は50%、不動産業のみなし仕入率は40%にしたか		
		飲食料品の譲渡を行う林業、漁業、農業のみなし仕入率は80%にしたか		
		みなし仕入率を乗じる「基礎となる税額」は次のとおり適正か 　　課税標準額に対する税額 　－　返還等対価に係る税額　×みなし仕入率 　＋　貸倒回収額の税額		
		複数の種類の事業を営む場合に、75%ルールを検討したか		
16	売上対価の返還等 に係る税額控除	課税売上げに係る対価の返還等であることを確認したか		
		課税売上げに適用した税率によって計算したか		
		簡易課税制度においても、税額控除をしたか		
17	貸倒れに係る 税額控除	当課税期間の貸倒れか		
		貸付金等、課税売上げの対価以外の貸倒れを控除の対象としていないか		
		課税売上げに適用した税率によって計算したか		
		貸倒引当金の繰入れ、取崩しは課税対象外としたか		
		簡易課税制度においても、税額控除をしたか		
18	電気通信利用役務 の提供の内外判定	電気通信利用役務の提供の内外判定は、提供を受ける者の住所、居所、本店又は主たる事務所の所在地によったか		
		国内事業者が国外支店等で受ける役務のうち国外において行う資産の譲渡等にのみ要するものは国外取引としたか		
19	リバースチャージ 方式	簡易課税制度である場合に、特定課税仕入れを課税標準に算入していないか		
		課税売上割合が95%以上である場合、リバースチャージの適用除外としたか(特定課税仕入れを仕入税額控除から除外したか)		

No.	項目	チェックの内容	担当者 チェック欄	確認者 チェック欄
19	リバースチャージ方式（続き）	一般課税で課税売上割合が95％未満である場合にリバースチャージを適用したか（課税標準額と課税仕入れの両方に計上したか）		
		リバースチャージの適用がある特定課税仕入れについて、対価の返還を確認したか		
20	消費者向け電気通信利用役務の提供	国外事業者から受けた消費者向け電気通信利用役務の提供について、登録国外事業者の登録番号記載の請求書等（メール等も可）を保存しているか		
		国外事業者から受けた消費者向け電気通信利用役務の提供について、帳簿に登録国外事業者の登録番号を記載したか		
21	控除対象外消費税額等	控除対象外消費税額等について、資産計上又は費用処理を行ったか		
22	還付申告	税込経理の場合、還付税額は、法人税法上、当期又は翌期の益金となるが、税抜経理への変更を検討したか		
		「消費税の還付申告に関する明細書」を作成添付したか		
23	中間申告額	中間申告額の国税と地方税の区分は適正か		
		毎月中間申告である場合、決算後に納付する11回目の税額も含めているか		
24	納税者に対する説明	申告書の提出前に、法人の代表者等の役員（個人事業者の場合は納税者本人）に対して申告内容の説明を行い、承諾を得ているか		
		納付又は還付の時期について説明したか		
25	税務代理権限証書	調査の事前通知は税務代理人のみで良いかどうかの確認をし、その旨の✓を付したか		
26	書面添付	税理士法33条の2に規定する書面添付を検討したか		
27	インボイス制度	令和5年10月1日に開始するインボイス制度について説明したか		
		日税連提供の「『適格請求書発行事業者』登録申請に係る確認書」に従って登録の意思を確認し、サインを受領したか		
		課税事業者について、登録申請の手続きを行ったか		
		個人事業者について、公表事項の申出書の提出を検討したか		
		売手の立場として、インボイスの交付及び写しの保存の方法を検討するよう促したか		
		買手の立場として、交付を受けたインボイスの保存の方法を検討するよう促したか		
		仕入れ先が免税事業者である場合の対応を検討するよう促したか		
		免税事業者に対して、インボイスを交付するために課税事業者を選択する必要があるか検討を促したか		

●チェック欄には、OKの場合は○、該当しない場合は△、NOの場合は×とコメントを記入すること。
また、一旦×となった場合は、○又は△と記入できるまでその理由・原因を調査すること。
●本チェックリストは、一般的な必要最低限の項目のみを対象としており、納税者の実情等を勘案し、適宜項目を追加した上で利用すること。

消費税選択チェックリスト（法人用）

Ⅰ. 現状確認

それぞれが確認した日を日付欄に記入すること。

関与先名	担当者欄		確認者欄	
	氏 名		氏 名	
	確認日　　　年　　月　　日		確認日　　　年　　月　　日	

設立年月日	基準期間がない場合	
年　　　月　　　日	新設法人（期首の資本金1千万円以上）に該当する。	YES・NO
	特定新規設立法人（課税売上高が5億円を超える者に支配されている）に該当する。	YES・NO

基準期間	特定期間	当事業年度
年　月　日 ～ 年　月　日	年　月　日 ～ 年　月　日	年　月　日 ～ 年　月　日
基準期間における課税売上高	特定期間における課税売上高	当課税期間
円	円	年　月　日 ～ 年　月　日
	特定期間における給与等の合計額	
	円	

	届出書・申請書	提出		控確保		提出日	その他の確認方法
納税義務	課税事業者選択届出書（第1号様式）	有	無	有	無	年　月　日	
	課税事業者選択不適用届出書（第2号様式）	有	無	有	無	年　月　日	
	課税事業者届出書（基準期間用）（第3-(1)号様式）	有	無	有	無	年　月　日	
	課税事業者届出書（特定期間用）（第3-(2)号様式）	有	無	有	無	年　月　日	
	消費税の納税義務者でなくなった旨の届出書（第5号様式）	有	無	有	無	年　月　日	
	高額特定資産の取得に係る課税事業者である旨の届出書（第5-(2)号様式）	有	無	有	無	年　月　日	
	新設法人に該当する旨の届出書（第10-(2)号様式）	有	無	有	無	年　月　日	
	特定新規設立法人に該当する旨の届出書（第10-(3)号様式）	有	無	有	無	年　月　日	
簡易課税	簡易課税制度選択届出書（第24号様式）	有	無	有	無	年　月　日	
	簡易課税制度選択不適用届出書（第25号様式）	有	無	有	無	年　月　日	
課税期間	課税期間特例選択・変更届出書（第13号様式）	有	無	有	無	年　月　日	
	課税期間特例選択不適用届出書（第14号様式）	有	無	有	無	年　月　日	
準ずる割合	課税売上割合に準ずる割合の適用承認申請書（第22号様式）	有	無	有	無	年　月　日	
	課税売上割合に準ずる割合の不適用届出書（第23号様式）	有	無	有	無	年　月　日	

	届出書・申請書	提出	控確保	提出日	その他の確認方法
申告関係	任意の中間申告書を提出する旨の届出書（第26-⑵号様式）	有　無	有　無	年　月　日	
	任意の中間申告書を提出することの取りやめ届出書（第26-⑶号様式）	有　無	有　無	年　月　日	
	消費税申告期限延長届出書（第28-⒁号様式）	有　無	有　無	年　月　日	
インボイス	適格請求書発行事業者の登録申請書（第1-⑴号様式）（第1-⑵号様式）	有　無	有　無	年　月　日	
	適格請求書発行事業者登録簿の登載事項変更届出書（第2-⑴号様式）	有　無	有　無	年　月　日	
	適格請求書発行事業者の公表事項の公表（変更）申出書	有　無	有　無	年　月　日	

当課税期間（令和　　年　　月　　日～令和　　年　　月　　日）の状況

当課税期間の納税義務	課税期間	仕入税額控除	「準ずる割合」の適用	任意の中間申告
免税事業者・課税事業者	事業年度・3ヶ月・1ヶ月	簡易課税・全額控除	有　　　無	有　　　無
		一括比例配分・個別対応	適用範囲	

Ⅱ．特例選択の検討

1 事業計画（ヒアリング）

2 設備投資等の予定

設備投資等①の時期	設備投資等②の時期	設備投資等③の時期	設備投資等④の時期	設備投資等⑤の時期
年　　月　　日	年　　月　　日	年　　月　　日	年　　月　　日	年　　月　　日
金額	金額	金額	金額	金額
円	円	円	円	円
内容	内容	内容	内容	内容

3　固定資産等の売却の予定

売却①の時期	売却②の時期	売却③の時期	売却④の時期	売却⑤の時期
年　月　日	年　月　日	年　月　日	年　月　日	年　月　日
金額	金額	金額	金額	金額
円	円	円	円	円
内容	内容	内容	内容	内容

4　所見

5　特例の選択と取りやめの検討

①　特例の選択

届出書等	提出可能期間	提出予定日	効力発生日	適用予定期間
	年　月　日～　年　月　日	年　月　日	年　月　日	年　月　日～　年　月　日

届出書等	提出可能期間	提出予定日	効力発生日	適用予定期間
	年　月　日～　年　月　日	年　月　日	年　月　日	年　月　日～　年　月　日

②　選択の取りやめ

届出書等	提出可能期間	提出予定日	取りやめとなる日	適用していた期間
	年　月　日～　年　月　日	年　月　日	年　月　日	年　月　日～　年　月　日

届出書等	提出可能期間	提出予定日	取りやめとなる日	適用していた期間
	年　月　日～　年　月　日	年　月　日	年　月　日	年　月　日～　年　月　日

6　結果説明

説明者	説明日	説明場所	説明を受けた者	説明を受けた者
氏名	年　月　日		様	様

187

※ 災害特例等の検討

		課税事業者選択届出	課税事業者選択不適用届出
特定非常災害 （措法86の5）	届出期限　　年　　月　　日 原則として、指定日まで	簡易課税制度選択届出	簡易課税制度選択不適用届出
		特定非常災害による消費税法第12条の2第2項（第12条の3第3項）不適用届出書	
		特定非常災害による消費税法第12の4第1項（第2項）不適用届出書	

簡易課税制度の 災害特例 （消法37の2）	申請期限　　年　　月　　日 原則として、やむを得ない理由がやんだ日から2月以内	災害等による消費税簡易課税制度選択（不適用）届出に係る特例承認申請書

届出特例 （消法9、37）	申請期限　　年　　月　　日 原則として、やむを得ない事情がやんだ日から2月以内	消費税課税事業者選択（不適用）届出に係る特例承認申請
		消費税簡易課税制度選択（不適用）届出に係る特例承認申請

新型コロナウイルス特例（新型コロナ税特法10）	申請期限　　年　　月　　日 原則として、特定課税期間の確定申告期限	新型コロナ税特法第10条第1項（第3項）の規定に基づく消費税課税事業者選択（不適用）届出に係る特例承認申請
		新型コロナ税特法第10条第4項から第6項の規定に基づく納税義務の免除の特例不適用承認申請

Ⅲ．適用関係フローチャート

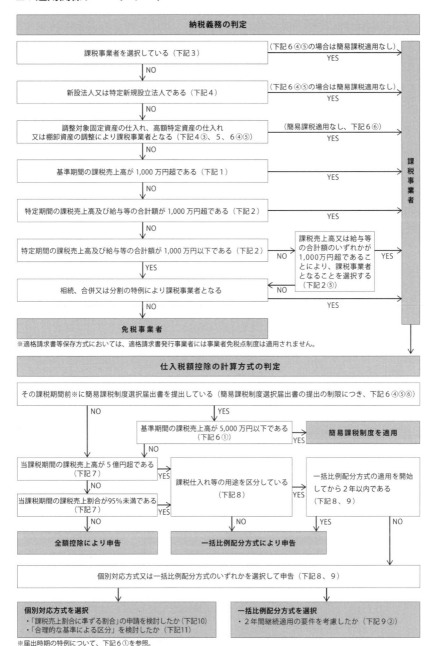

納税義務の判定

課税事業者を選択している（下記3）
（下記6④⑤の場合は簡易課税適用なし）
YES

新設法人又は特定新規設立法人である（下記4）
（下記6④⑤の場合は簡易課税適用なし）
YES

調整対象固定資産の仕入れ、高額特定資産の仕入れ
又は棚卸資産の調整により課税事業者となる（下記4③、5、6④⑤）
（簡易課税適用なし、下記6⑥）
YES

基準期間の課税売上高が1,000万円超である（下記1）
YES

特定期間の課税売上高及び給与等の合計額が1,000万円超である（下記2）
YES

特定期間の課税売上高及び給与等の合計額が1,000万円以下である（下記2）
NO / YES
課税売上高又は給与等の合計額のいずれかが1,000万円超であることにより、課税事業者となることを選択する（下記2⑤）
YES

相続、合併又は分割の特例により課税事業者となる
NO
YES

免 税 事 業 者

※適格請求書等保存方式においては、適格請求書発行事業者には事業者免税点制度は適用されません。

課 税 事 業 者

仕入税額控除の計算方式の判定

その課税期間前※に簡易課税制度選択届出書を提出している（簡易課税制度選択届出書の提出の制限につき、下記6④⑤⑥）
NO / YES

基準期間の課税売上高が5,000万円以下である（下記6①）
YES → **簡 易 課 税 制 度 を 適 用**

当課税期間の課税売上高が5億円超である（下記7）
YES

課税仕入れ等の用途を区分している（下記8）
YES

一括比例配分方式の適用を開始してから2年以内である（下記8、9）

当課税期間の課税売上割合が95％未満である（下記7）
YES

全額控除により申告 | **一括比例配分方式により申告**

個別対応方式又は一括比例配分方式のいずれかを選択して申告（下記8、9）

個別対応方式を選択
・「課税売上割合に準ずる割合」の申請を検討したか（下記10）
・「合理的な基準による区分」を検討したか（下記11）

一括比例配分方式を選択
・2年間継続適用の要件を考慮したか（下記9②）

※届出時期の特例について、下記6①を参照。

1 基準期間における課税売上高
　①免税売上高も含まれる（消法9②）。
　②基準期間において免税事業者であった場合には、税込みで課税売上高を計算する（消基通1-4-5）。
　③前々事業年度が1年未満である法人は、その事業年度開始の日の2年前の日の前日から同日以後1年を経過する日までの間に開始した各事業年度を合わせた期間が基準期間となる（消法2①十四）。
　④基準期間が1年でない法人は、12ヶ月相当額に換算して基準期間における課税売上高を計算する（消法9②二）。

2 特定期間における課税売上高
　①特定期間となる六月の期間の末日は、その前事業年度の終了の日（六月の期間の末日において予定しているもの）に合わせて調整する（消法9の2⑤、消令20の6①）。
　②前事業年度が7ヶ月以下である場合は、通常は、特定期間は存在しないこととなる（消法9の2④三、消令20の5）。
　③1年決算法人が、設立2期目までに決算期を変更した場合や連続して決算期を変更した場合には、前々事業年度開始の日以後六月の期間が特定期間となる可能性がある（消法9の2④三、⑤、消令20の6②）。
　④特定期間において免税事業者であった場合には、税込みで課税売上高を計算する。
　⑤特定期間における課税売上高は、特定期間中に支払った給与等の金額（所得税法施行規則100条に規定する支払明細書に記載すべき金額）の合計額とすることができる（消法9の2③、消基通1-5-23）。

3 課税事業者選択制度
　①「課税事業者選択届出書」（第1号様式）を提出した課税期間の翌課税期間から課税事業者となる（消法9④）。
　　新たに事業を開始した課税期間に提出した場合は、その課税期間から課税事業者となる（届出書に記載して翌課税期間から適用することも可能）（消法9④、消基通1-4-14）。
　②「課税事業者選択不適用届出書」（第2号様式）を提出した課税期間の翌課税期間から課税事業者選択の効力がなくなる（消法9⑧）。
　　課税事業者選択の効力は、基準期間における課税売上高が1,000万円を超えた場合であっても、課税事業者選択不適用届出書又は事業を廃止した旨の届出書を提出しない限り存続する（消基通1-4-11）。
　③2年継続適用：課税事業者選択の効力が生じた課税期間の初日から2年を経過する日の属する課税期間の初日以後でなければ、課税事業者選択不適用届出書を提出することができない（消法9⑥）。
　④3年縛り：課税事業者選択の2年継続適用期間中に、調整対象固定資産の仕入れ等をして、一般課税で申告した場合には、その仕入れ等の課税期間の初日から3年を経過する日の属する課税期間の初日以後でなければ、課税事業者選択不適用届出書を提出することができない（3年間継続して課税事業者となり、簡易課税制度の適用はない。）（消法9⑦、37③）。
　⑤上記④（3年縛り）に該当する場合において、調整対象固定資産の仕入れ等を行った課税期間の初日からその仕入れ等の日までに課税事業者選択不適用届出書を提出して

いるときは、その提出は、なかったものとみなされる（消法9⑦）。

4 新設法人・特定新規設立法人

①新設法人（基準期間がなく、事業年度開始の日の資本金の額が1,000万円以上である法人）は、基準期間がない課税期間においては課税事業者となる（消法12の2①）。

②特定新規設立法人（①の新設法人以外の法人で、基準期間がなく、50％を超えて支配する株主又はその特殊関係法人の基準期間相当期間における課税売上高が5億円を超えるもの）は、基準期間がない課税期間においては課税事業者となる（消法12の3①）。

③3年縛り：新設法人又は特定新規設立法人が基準期間がない課税期間中に、調整対象固定資産の仕入れ等をして、一般課税で申告した場合には、その仕入れ等の課税期間の初日から3年を経過する日の属する課税期間の末日まで、事業者免税点制度及び簡易課税制度の適用はない（消法12の2②、12の3③、37③二）。

5 高額特定資産の仕入れ等を行った場合等

①3年縛り：平成28年4月1日以後に、高額特定資産の仕入れ等をして一般課税で申告した場合は、その仕入れ等の課税期間の初日から3年を経過する日の属する課税期間の末日まで、事業者免税点制度及び簡易課税制度の適用はない（消法12の4①、37③三）。
平成27年12月31日までに契約を締結している場合には、適用除外となる。

②3年縛り：令和2年4月1日以後に、高額特定資産等について棚卸資産に係る消費税額の調整の適用を受けた場合は、その適用を受けた課税期間の初日から3年を経過する日の属する課税期間の末日まで、事業者免税点制度及び簡易課税制度の適用はない（消法12の4②、37③四）。

③高額特定資産等が居住用賃貸建物であるため仕入税額控除の対象とならない場合でも、3年縛りの適用がある（消基通1-5-30）。

6 簡易課税制度

①「簡易課税制度選択届出書」（第24号様式）を提出した課税期間の翌課税期間から基準期間における課税売上高が5,000万円以下である場合に簡易課税制度を適用する（消法37①）。

※新たに事業を開始した課税期間に提出した場合は、その課税期間から選択の効力が生じる（届出書に記載して翌課税期間から適用することも可能）（消法37①、消基通13-1-5）。

※令和5年10月1日から令和11年9月30日の属する課税期間において適格請求書発行事業者の登録をする免税事業者が、登録日の属する課税期間に「簡易課税制度選択届出書」を提出した場合には、その課税期間の初日の前日に提出したものとみなされ、提出した課税期間から簡易課税制度を適用することができる（平30年改正令附則18）。
この場合、簡易課税制度選択届出書に、この提出時期の特例の適用を受ける旨を記載しなければならない（平30年改正令附則18）。

②「簡易課税制度選択不適用届出書」（第25号様式）を提出した課税期間の翌課税期間から簡易課税制度選択の効力がなくなる（消法37⑦）。

※簡易課税制度選択の効力は、基準期間における課税売上高が5,000万円を超えた場

合であっても、簡易課税制度選択不適用届出書又は事業を廃止した旨の届出書を提出しない限り存続する（消基通13-1-3）。

③2年継続適用：簡易課税制度選択の効力が生じた課税期間の初日から2年を経過する日の属する課税期間の初日以後でなければ、簡易課税制度選択不適用届出書を提出することができない（消法37⑥）。

④3年縛り：課税事業者選択の2年継続適用期間中に、又は、新設法人若しくは特定新規設立法人が基準期間がない課税期間中に、調整対象固定資産の仕入れ等をして、一般課税で申告した場合には、仕入れ等の日の属する課税期間の初日から同日以後3年を経過する日の属する課税期間の初日の前日までの期間は、簡易課税制度選択届出書を提出することができない（消法37③一、二）。

⑤3年縛り：高額特定資産の仕入れ等をして一般課税で申告した場合又は高額特定資産等について棚卸資産に係る消費税額の調整の適用を受けた場合には、その仕入れ等の日の属する課税期間又は調整の適用を受けた課税期間の初日から、同日以後3年を経過する日の属する課税期間の初日の前日までの期間は、簡易課税制度選択届出書を提出することができない（消法37③三、四）。

⑥上記④⑤（3年縛り）に該当する場合において、調整対象固定資産の仕入れ等又は高額特定資産の仕入れ等を行った課税期間の初日からその仕入れ等の日までに簡易課税制度選択届出書を提出しているときは、その提出は、なかったものとみなされる（消法37④）。

7 全額控除

全額控除の要件：その課税期間の課税売上割合が95％以上で、かつ、課税売上高が5億円以下であること（消法30①）。

8 個別対応方式

個別対応方式の要件：①すべての課税仕入れ等について、課税売上対応分、非課税売上対応分、共通対応分に用途区分をしていること（消法30②一）。
②一括比例配分方式の適用を開始した課税期間の初日から2年を経過する日までの間に開始した課税期間でないこと（消法30⑤）。

9 一括比例配分方式

①上記8①の用途区分を行っている場合でも適用することができる（消法30④）。
②一括比例配分方式の適用を開始した課税期間の初日から2年を経過する日までの間に開始した各課税期間においては、個別対応方式を適用することができない（消法30⑤）。

10 課税売上割合に準ずる割合

①税務署長の承認を受けた課税期間から適用する（消法30③）。
※令和3年4月1日以後に終了する課税期間については、適用しようとする課税期間の末日までに申請書の提出があった場合において、同日の翌日から同日以後1月を経過する日までの間に承認があったときは、その適用しようとする課税期間の末日においてその承認があったものとみなされる（消令47⑥）。
②不適用の届出書を提出した日の属する課税期間から不適用となる（消法30③）。

③税務署長の承認を受けていても、一括比例配分方式においては適用ができない（消法30③）。

④たまたま土地の譲渡を行った課税期間においては、過去3年間の通算課税売上割合又は前課税期間の課税売上割合のうち低い方の割合が承認される。

11 合理的な基準による区分

①個別対応方式による場合、共通対応分の課税仕入れ等は、例えば、原材料、包装材料、倉庫料、電力料等のように生産実績その他の合理的な基準により課税売上対応分と非課税売上対応分とに区分することができる（消基通11-2-19）。

②税務署長の承認を受ける必要はない。

12 課税期間の特例

①「課税期間特例選択届出書」（第13号様式）を提出すると、提出した期間（その届出書による1ヶ月又は3ヶ月の期間）の翌期間から課税期間の短縮が開始する（消法19②）。

　※新たに事業を開始した期間に提出した場合は、その期間から短縮が開始する（届出書に記載して翌期間から適用することも可能）（消法19②）。

②「課税期間特例選択不適用届出書」（第14号様式）を提出した課税期間（短縮した課税期間）の翌課税期間から課税期間特例選択の効力がなくなる（消法19④）。

　※課税期間特例選択の効力は、基準期間における課税売上高が1,000万円以下となったことにより免税事業者となった場合であっても、課税期間特例選択不適用届出書又は事業を廃止した旨の届出書を提出しない限り存続する（消基通3-3-1）。

③2年継続適用：課税期間特例の効力が生じた期間の初日から2年を経過する日の属する期間の初日以後でなければ、課税特例選択不適用届出書を提出することができない（消法19⑤）。

　※1ヶ月から3ヶ月へ、3ヶ月から1ヶ月への変更についても同様（消法19⑤）。

13 任意の中間申告

①前期納税実績により中間申告不要となる事業者は、「任意の中間申告書を提出する旨の届出書」（第26-（2）号様式）の届出により、届け出た六月中間申告対象期間から、任意の中間申告書を提出することができる（消法42⑧）。

②任意の中間申告書をその提出期限までに提出しなかった場合には、「任意の中間申告書を提出することの取りやめ届出書」（第26-（3）号様式）を提出したものとみなされる（消法42⑪）。

14 特定法人の電子申告の義務

①事業年度開始の時において資本金の額等が1億円を超える法人、相互会社、投資法人、特定目的会社、国及び地方公共団体は、令和2年4月1日以後に開始する課税期間から、申告書及び申告書に添付すべきものとされている書類の全てをe-Taxにより提出しなければならない（消法46の2）。

②特定法人に該当する場合は、令和2年4月1日以後最初に開始する課税期間開始の日から1月以内に、「e-Taxによる申告の特例に係る届出書」を提出しなければならない（消規23の4）。

③電気通信回線の故障、災害その他の理由によりe-Taxを使用することが困難であると

認められる場合において、書面により申告書を提出することができると認められるときは、納税地の所轄税務署長の事前の承認を要件として、法人税等の申告書及び添付書類を書面によって提出することができる（消法46の3）。

15　確定申告期限の特例

　法人税の申告期限の延長の特例の適用を受ける法人が、「消費税申告期限延長届出書」を提出した場合には、その提出をした日の属する事業年度以後の各事業年度終了の日の属する課税期間に係る消費税の確定申告の期限は、1ヶ月延長される（消法45の2①）。

Ⅳ. 災害特例等

1　特定非常災害に係る特例

　①特定非常災害の被災事業者が、被災日の属する課税期間以後の課税期間につき、次の届出書を指定日までに所轄税務署長に提出した場合には、その適用又は不適用に係る本来の提出時期に提出したものとみなされる（措法86の5①③⑩⑫）。
　　　イ　課税事業者選択届出書
　　　ロ　課税事業者選択不適用届出書
　　　ハ　簡易課税制度選択届出書
　　　ニ　簡易課税制度選択不適用届出書

　②届出書には、その特例の適用を受け、又はやめようとする開始課税期間を明記するとともに、この特例による届出であることを明らかにするため、届出書の参考事項欄等に特定非常災害の被災事業者である旨を記載する（消基通19-1-5）。

　③被災事業者が指定日までに行う課税事業者選択又は簡易課税制度選択には、継続適用の取扱いはない（措法86の5②⑪）。

　④課税事業者又は簡易課税制度を選択している事業者が被災事業者となった場合は、継続適用期間中であっても、指定日までに不適用届出書を提出してその選択をやめることができる（措法86の5②⑪）。

　⑤被災事業者である新設法人又は特定新規設立法人には、基準期間がない課税期間中に調整対象固定資産の仕入れ等をして一般課税で申告した場合の「3年縛り」は、適用されない（措法86の5②④⑦）。

　⑥被災事業者は、次の場合には、「3年縛り」は適用されない（措法86の5⑤⑥⑧⑨）。
　　　イ　被災日前に高額特定資産の仕入れ等を行っていた場合
　　　ロ　被災日から指定日以後2年を経過する日の属する課税期間の末日までの間に高額特定資産の仕入れ等を行った場合
　　　ハ　被災日前に高額特定資産等に係る棚卸資産の調整を受けていた場合
　　　ニ　被災日から指定日以後2年を経過する日の属する課税期間の末日までの間に高額特定資産等に係る棚卸資産の調整を受けることとなった場合

　⑦支店が被災するなど、特定非常災害に係る国税通則法第11条による申告期限等の延長の規定の適用を受けていない被災事業者が、「3年縛り」を解除するためには、次の届出書をそれぞれの期限までに所轄税務署長へ提出しなければならない。
　　　イ　「特定非常災害による消費税法第12条の2第2項（第12条の3第3項）不適用届出書」
　　　　　期限：基準期間がない事業年度のうち最後の事業年度終了の日と指定日とのいずれか遅い日

　　□　「特定非常災害による消費税法第12条の4第1項（第2項）不適用届出書」
　　　期限：高額特定資産の仕入れ等の日又は棚卸資産に係る消費税額の調整の適用を
　　　　　　受けることとなった日の属する課税期間の末日と指定日とのいずれか遅い
　　　　　　日

2　簡易課税制度に係る災害特例
　①災害その他やむを得ない理由が生じたことにより被害を受けた事業者が、被害を受け
　　たことにより簡易課税制度の適用の変更が必要となった場合において、所轄税務署長
　　の承認を受けたときは、次の届出書を、その適用又は不適用に係る本来の提出時期に
　　提出したものとみなされる（消法37の2①⑥）。
　　イ　簡易課税制度選択届出書
　　ロ　簡易課税制度選択不適用届出書
　　申請書名：「災害等による消費税簡易課税制度選択（不適用）届出に係る特例承認申請書」
　②災害その他やむを得ない理由は、国税通則法11条の申告、納付、届出等の期限の延長
　　に係る「災害その他やむを得ない理由」に準じる（消基通13-1-7、通基通11-1）。
　③承認申請書の提出期限は、原則として、災害等のやんだ日から2月以内である（消法
　　37の2②⑦、13-1-8）。
　　災害等のやんだ日が、災害等の生じた課税期間の末日の翌日以後に到来する場合には、
　　災害等の生じた課税期間に係る申告書の提出期限（国税通則法11条により延長された
　　提出期限）となる（消法37の2②⑦、13-1-8）。
　④災害等の生じた課税期間の確定申告期限までに承認又は却下の処分がなかったときは、
　　その日においてその承認があったものとみなされる（消法37の2④⑤⑦）。
　　ただし、災害その他やむを得ない理由のやんだ日がその課税期間の末日の翌日以後に
　　到来する場合は、この限りではない（消法37の2⑤）。
　⑤対象となる課税期間
　　この特例は、次の課税期間が対象となる（消令57の3①、消基通13-1-9）。

区分	対象となる課税期間
簡易課税制度選択	災害等が生じた課税期間
簡易課税制度選択不適用	a．又はb．のいずれかの課税期間 　a．災害等が生じた課税期間 　b．その翌課税期間のうち次に掲げる要件のすべてに該当する課税期間のうち一の課税期間 ●災害等の生じた日から災害等のやんだ日までの間に開始した課税期間であること ●その災害等が生じた日の属する課税期間にすでにこの特例の承認を受けていないこと ●簡易課税制度の2年継続適用の課税期間であること

　⑥この特例の承認を受けて簡易課税制度選択届出書を提出する場合には、新設法人又は
　　特定新規設立法人が基準期間がない課税期間中に調整対象固定資産の仕入れ等をして
　　一般課税で申告した場合の制限はない（消法37の2①）。
　⑦この特例の承認を受けて簡易課税制度選択届出書を提出する場合には、高額特定資産
　　の仕入れ等をして一般課税で申告した場合及び高額特定資産等につき棚卸資産の調整
　　の適用を受けた場合の制限はない（消法37の2①）。
　⑧この特例の承認を受けて簡易課税制度選択不適用届出書を提出する場合には、簡易課

税制度の2年継続適用の取扱いは適用されない（消法37の2⑥）。

3　やむを得ない事情がある場合の届出特例

①やむを得ない事情があるため、次の届出書を提出できなかった場合において、所轄税務署長の承認を受けたときは、その届出書を適用又は不適用に係る本来の提出時期に提出したものとみなされる（消法9⑨、37⑧、消令20の2①②、57の2①②）。

イ　課税事業者選択届出書

ロ　課税事業者選択不適用届出書

ハ　簡易課税制度選択届出書

ニ　簡易課税制度選択不適用届出書

申請書名：「消費税課税事業者選択（不適用）届出に係る特例承認申請書」
「消費税簡易課税制度選択（不適用）届出に係る特例承認申請書」

②やむを得ない事情とは、以下のような災害の発生等をいい、制度の不知や提出忘れ等は該当しない（消基通1-4-16、13-1-5の2）。

a　震災、風水害、雪害、凍害、落雷、雪崩、がけ崩れ、地滑り、火山の噴火等の天災又は火災その他の人的災害で自己の責任によらないものに基因する災害が発生したことにより、届出書の提出ができない状態になったと認められる場合

b　aの災害に準ずるような状況又はその事業者の責めに帰することができない状態にあることにより、届出書の提出ができない状態になったと認められる場合

c　その課税期間の末日前おおむね1月以内に相続があったことにより、その相続に係る相続人が新たに届出書を提出できる個人事業者となった場合
この場合には、その課税期間の末日にやむを得ない事情がやんだものとして取り扱う。

d　aからcまでに準ずる事情がある場合で、税務署長がやむを得ないと認めた場合

③　承認申請書の提出期限は、「やむを得ない事情」がやんだ日から2月以内である（消令20の2③、57の2③、消基通1-4-17、13-1-5の2）。

④　みなし承認の取扱いはない。

4　新型コロナウイルス感染症等の影響を受けている場合の特例

①特例対象事業者は、新型コロナウイルス感染症等の影響により、令和2年2月1日から令和3年1月31日までの間のうち任意の連続した1か月以上の期間（調査期間）に、事業としての収入の著しい減少があった（事業としての収入金額が、前年同時期と比べて概ね50％以上減少している）事業者である（新型コロナ税特法10①、新型コロナ税特法通達2）。

②特例対象事業者が、新型コロナウイルス感染症等の影響により、その収入の著しい減少があった期間内の日を含む課税期間（特定課税期間）以後の課税期間につき、所轄税務署長の承認を受けたときは、課税事業選択届出書又は課税事業者選択不適用届出書を、その適用又は不適用に係る本来の提出時期に提出したものとみなされる（新型コロナ税特法10①③）。

申請書名：「新型コロナ税特法第10条第1項（第3項）の規定に基づく消費税課税事業者選択（不適用）届出に係る特例承認申請書」

承認申請書の提出期限

区　分		提出期限
課税事業者選択		特定課税期間の末日の翌日から2月を経過する日（個人事業者は3月を経過する日）
課税事業者選択不適用	特定課税期間から課税事業者の選択をやめる場合	特定課税期間の確定申告書の提出期限
	特定課税期間の末日が課税事業者選択届出書の提出により課税事業者となった課税期間の初日以後2年を経過する日（2年経過日）以後に到来する場合でその特定課税期間の翌課税期間以後の課税期間から課税事業者の選択をやめる場合	
	上記以外	次のうち、いずれか早い日 ・2年経過日の属する課税期間の末日 ・課税事業者の選択をやめようとする課税期間の末日

　　提出期限は、国税通則法11条により延長することができる。

③特例対象事業者がこの特例の承認を受ける場合には、次の取扱いは適用されない（新型コロナ税特法10②③）。

　　イ　課税事業者を選択した場合の2年継続適用

　　ロ　課税事業者選択の2年継続適用期間中に調整対象固定資産の仕入れ等を行い一般課税により申告した場合の3年継続適用

④　特定課税期間以後の課税期間について、所轄税務署長の承認を受けたときは、新設法人又は特定新規設立法人が基準期間がない課税期間に調整対象固定資産の仕入れ等をして一般課税により申告した場合にも、基準期間がある課税期間について、事業者免税点制度が適用される（新型コロナ税特法10④）。

　　申請書名：「新型コロナ税特法第10条第4項から第6項の規定に基づく納税義務の免除の特例不適用承認申請書」

　　承認申請書の提出期限は、次のいずれか遅い日である（新型コロナ税特法10⑦三）。

　　　・特定課税期間の確定申告書の提出期限（国税通則法11条の延長がある場合は延長された期限）

　　　・基準期間のない事業年度のうち、最後の事業年度終了の日

⑤特例対象事業者が次に該当する場合において、所轄税務署長の承認を受けたときは、事業者免税点制度が適用される（新型コロナ税特法10⑤⑥）。

　　イ　特定課税期間前に高額特定資産の仕入れ等を行っていた場合

　　ロ　特定課税期間の初日から同日以後2年を経過する日の属する課税期間の末日までの間に高額特定資産の仕入れ等を行った場合

　　ハ　特定課税期間前に高額特定資産等について棚卸資産に係る消費税額の調整の適用を受けていた場合

　　ニ　特定課税期間の初日から同日以後2年を経過する日の属する課税期間の末日までの間に高額特定資産等について棚卸資産に係る消費税額の調整の適用を受けることとなった場合

申請書名：「新型コロナ税特法第10条第4項から第6項の規定に基づく納税義務の免
　　　　　除の特例不適用承認申請書」

　承認申請書の提出期限は、次のいずれか遅い日である（新型コロナ税特法10⑦四、五）。

　・特定課税期間の確定申告書の提出期限（国税通則法11条の延長がある場合は延長さ
　　れた期限）

　・高額特定資産の仕入れ等の日の属する課税期間の末日（棚卸資産の調整を受けた場
　　合はその調整を受けた課税期間の末日）

⑥特例承認申請書には、「新型コロナウイルスの影響等により事業としての収入の著しい
　減少があったことを確認できる書類」（確認書類）を添付しなければならない。

⑦新型コロナウイルス感染症等の影響により特定課税期間について簡易課税制度の適用
　の変更が必要となった事業者は、その被害がやんだ日から2月以内（被害のやんだ日
　がその申請に係る課税期間の末日の翌日以後に到来する場合には、その課税期間に係
　る確定申告書の提出期限（国税通則法11条の適用により延長された期限））に、上記
　3の「災害等による消費税簡易課税制度選択（不適用）届出に係る特例承認申請書」を
　提出することができる（消法37の2）。

相続税申告チェックリスト

それぞれがチェックした日を日付欄に記入すること。

被相続人名	相続開始日	申告期限	担当者欄		確認者欄	
	年 月 日	年 月 日	氏 名		氏 名	
			チェック日 年 月 日		チェック日 年 月 日	

	No.	項目	チェックの内容	担当者 チェック欄	確認者 チェック欄
課税財産の範囲等	1	家族名義の預金等	被相続人以外の名義となっている預貯金や有価証券で相続財産とされるべきものの有無を確認したか		
	2	未登記の不動産	未登記の建物等で被相続人の所有とされるべきものはないか		
	3	相続開始時の現金	相続開始直前の預貯金の引出しの有無を確認し、申告すべき現金の額を検討したか		
	4	同族会社への貸付金等	被相続人が主宰する同族会社の決算書等に被相続人との間の借入金や貸付金等が計上されていないか		
	5	生命保険金の範囲	みなし相続財産となる生命保険金について、保険金とともに支払われた剰余金や前納保険料がある場合に課税財産に含めたか		
	6	生命保険契約に関する権利	生命保険契約について被相続人が保険料を負担していたもので「生命保険契約に関する権利」として申告すべきものはないか		
	7	建物更生共済契約に関する権利	賃貸建物等に係る共済契約で「建物更生共済契約に関する権利」として申告すべきものの有無を確認したか		
	8	未収賃料等	賃貸不動産に係る未収賃料・前受賃料の有無を確認したか		
	9	資産の譲渡代金等	相続開始前の資産の譲渡代金や退職金の受領額が相続財産に反映されているか		
	10	共有財産	被相続人と他の者との共有財産の有無及び課税対象となる被相続人の持分を確認したか		
	11	相続後に支給された公的年金	被相続人に支給されるべきであった公的年金の未支給分で、相続後に相続人等に支給されたものを相続財産に含めていないか		
	12	国外財産	課税対象になる国外財産の有無を確認したか		
相続財産の評価	13	路線価格等の確認	土地等の評価に際し、評価対象地の路線価格や評価倍率の見誤りはないか		
	14	地区区分の確認	路線価方式による宅地等の評価に際し、地区区分（普通商業・併用住宅地区・普通住宅地区など）の見誤りはないか		
	15	評価単位の適否	土地等の評価単位の判定に誤りはないか		
	16	画地調整の適否	路線価方式による宅地等の評価において、各種の画地調整（奥行価格補正、側方路線影響加算、二方路線影響加算、間口狭小補正、奥行長大補正、不整形地補正など）の適用漏れはないか		

	No.	項目	チェックの内容	担当者 チェック欄	確認者 チェック欄
相続財産の評価	17	奥行距離等の算定と画地調整率	不整形地等の評価における奥行距離等の算定及び適用すべき画地調整率に間違いはないか		
	18	特定路線価の設定の申出	路線価が設定されていない私道等に面する宅地等の評価に際し、「特定路線価」の設定の申出をしたか		
	19	地積規模の大きな宅地の評価	1,000㎡（三大都市圏内は500㎡）以上の宅地がある場合に、「地積規模の大きな宅地の評価」の可否を確認したか		
	20	使用貸借地の評価	使用貸借となっている土地等の評価方法に誤りはないか		
	21	特殊な状況にある宅地等の評価	セットバックを要する宅地等、都市計画道路予定地の区域内にある宅地等の評価は適正に行われているか		
	22	借地権慣行の有無	貸宅地及び借地権の評価に際し、借地権慣行のない地域内のものでないかどうかを確認したか		
	23	空室のある賃貸建物等の評価	空室のある賃貸建物がある場合に、家屋を貸家とし、その敷地を貸家建付地として評価できることを確認したか		
	24	庭園設備等の取扱い	家屋の価額に含めて評価するもの（付属設備等）と家屋とは別に評価するもの（庭園設備等）を区分したか		
	25	定期預金の評価	定期預金等の貯蓄性のあるものの評価において、既経過利子の額を元本に加算したか		
	26	公社債等の評価	公社債は利付債と割引債等に区分し、市場価格を確認した上で価額の算定をしたか		
	27	上場株式の評価	課税時期の最終価格の算定に際し、配当落等の有無を確認したか		
	28	株式の評価方法の判定	取引相場のない株式の評価方法（原則的評価、特例的評価）の判定に誤りはないか		
	29	評価会社の規模の判定	取引相場のない株式の評価方法において、評価会社の規模（大会社、中会社、小会社）は適正に判定されているか		
	30	特定の評価会社の該当性	取引相場のない株式の評価に際し、「特定の評価会社」に該当するか否かを検討したか		
	31	類似業種の判定	取引相場のない株式を類似業種比準方式で評価する場合において、類似業種の判定（業種目番号の選定）に誤りはないか		
	32	評価要素の算定	類似業種比準価額の計算要素（1株当たりの配当金額、利益金額、簿価純資産価額）の算定は的確に行われているか		
	33	類似業種比準価額の修正	配当・増資がある場合の類似業種比準価額の修正の要否を確認したか		
	34	純資産価額の計算時期	課税時期に仮決算を行った場合の資産・負債の額により評価するほうが有利になるにもかかわらず、前期末現在の資産・負債によって評価していないか		

	No.	項目	チェックの内容	担当者 チェック欄	確認者 チェック欄
相続財産の評価	35	資産・負債の計上額	取引相場のない株式を純資産価額方式で評価する場合に資産及び負債の計上額は適切に算定されているか		
	36	原則的評価額の修正	配当期待権が発生している場合等の原則的評価額の修正の要否を確認したか		
	37	株式に関する権利の有無	株式に関する権利（株式の割当を受ける権利、株主となる権利、株式無償交付期待権、配当期待権）の評価の要否を確認したか		
課税価格の計算	38	小規模宅地特例の適用要件	小規模宅地等の特例の適用において、対象宅地等の区分（特定事業用宅地等、特定同族会社事業用宅地等、特定居住用宅地等、貸付事業用宅地等）ごとに適用要件を満たすことを確認したか		
	39	限度面積要件の適否	貸付事業用宅地等と他の小規模宅地等を併用適用する場合の適用面積の計算に誤りはないか		
	40	特例適用宅地等の選択	貸付事業用宅地等と他の小規模宅地等を併用適用する場合に、減額される金額が最も大きくなるような選択をしたか		
	41	生命保険金等の非課税の適否	生命保険金及び死亡退職金についての非課税控除の適用・計算に誤りはないか		
	42	未納の公租公課の有無	債務控除の適用において、未納の公租公課（固定資産税、所得税、消費税、個人住民税、事業税など）の漏れはないか		
	43	賃貸不動産に係る敷金等の確認	債務控除の適用に際し、賃貸不動産に係る敷金、預り保証金の額を賃貸借契約書等で確認したか		
	44	保証債務等の控除可能性	被相続人に保証債務・連帯債務がある場合の債務控除の適用可能性について検討したか		
	45	葬式費用の範囲	香典返し、墓地・仏具等の購入費用を葬式費用に含めて債務控除を適用していないか		
	46	贈与財産価額の課税価格加算の要否	被相続人からの相続人等に対する生前贈与の有無及び贈与財産価額の相続税の課税価格への加算の要否を確認したか		
	47	贈与税の特例と相続税の関係	相続人等に対する生前贈与について、「配偶者控除」や「住宅取得等資金の贈与に係る非課税特例」等の適用を受けている場合の相続税の課税価格加算規定の適用に誤りはないか		
税額の計算	48	法定相続人の数	養子、非嫡出子、代襲相続、相続放棄等がある場合の基礎控除額の計算上の法定相続人数の算定に誤りはないか		
	49	相続税額の2割加算	相続税額の2割加算について、適用対象者の有無を確認したか		
	50	各種の税額控除	贈与税額控除、配偶者の税額軽減、未成年者控除、障害者控除、相次相続控除の適用漏れや控除額の計算に誤りはないか		

	No.	項目	チェックの内容	担当者 チェック欄	確認者 チェック欄
税額の計算	51	未分割遺産がある場合の配偶者の税額軽減	相続財産の全部又は一部が未分割である場合の配偶者の税額軽減額の計算において、適用対象財産価額の算定に誤りはないか		
	52	相続時精算課税の適用と相続税	相続人に対する生前贈与について、相続時精算課税の適用を受けている場合の税額計算等は的確に行われているか		
申告・納付その他	53	申告書の添付書類	相続税の申告書の添付書類には法定のもの（戸籍謄本、遺産分割協議書の写しなど）と任意のものがあるが、必要書類を確認したか		
	54	相続税の納付方法	相続税の金銭一時納付の可否を確認するとともに、延納及び物納制度について依頼者に説明したか		
	55	相続税の納税猶予制度	非上場株式、農地及び個人事業者の事業用資産に係る納税猶予制度の適用の可否を検討するとともに、その適用について依頼者の意向を確認したか		
	56	遺言の有無と遺産分割	被相続人の遺言の有無を確認したか。また、遺言がある場合に、その内容に従って遺産を取得することに合意しているかどうかを確認したか		
	57	遺産分割と相続税	配偶者居住権の設定等を含めて、1次相続時の遺産分割が配偶者の2次相続時の相続税に影響することを依頼者に説明したか		
	58	未分割遺産と相続税	遺産が未分割の場合の課税価格や税額の計算、申告方法や申告期限後に分割された場合の手続等について依頼者に説明したか		
	59	遺産未分割の場合の提出書類	遺産が未分割の場合の申告に際し、「申告期限後3年以内の分割見込書」を、また、3年以内に分割できない場合の分割期限の「延長申請書」を提出したか		
	60	所得税・消費税の準確定申告	被相続人が個人事業者等である場合の所得税及び消費税について、準確定申告等の手続は期限までに行われているか。その際、未分割遺産に係る収益（地代・家賃等）の帰属者を確認・確定させたか		
	61	事業の承継に伴う手続	被相続人の死亡と事業を承継した場合の手続（個人事業者の開廃業等の届出、青色申告の承認申請、消費税の簡易課税の選択届など）は期限までに行っているか		

●チェック欄には、OKの場合は○、該当しない場合は△、NOの場合は×とコメントを記入すること。
　また、一旦×となった場合は、○又は△と記入できるまでその理由・原因を調査すること。
●本チェックリストは、一般的な必要最低限の項目のみを対象としており、当該被相続人等の実情等を勘案し、適宜項目を追加した上で利用すること。

譲渡所得税（土地等・建物の譲渡）申告チェックリスト

それぞれがチェックした日を日付欄に記入すること。

関与先名	年分	担当者欄		確認者欄	
	年分	氏　名		氏　名	
		チェック日　　年　　月　　日		チェック日　　年　　月　　日	

	No.	項目	チェックの内容	担当者 チェック欄	確認者 チェック欄
譲渡申告年・譲渡収入金額	1	譲渡所得の申告年（原則：引渡基準）	売買契約締結年の翌年に引渡しが行われる場合において、引渡年を申告年としているか		
	2	譲渡所得の申告年（選択：契約効力発生日基準）	売買契約締結年の翌年に引渡しが行われる場合で契約締結年の申告を選択したケースにおいて、契約効力が発生（停止条件が付されているときは条件が成就している）しているか		
	3	譲渡対価の金額	譲渡対価は、売買契約書等で確認したか（共有の場合には、譲渡対価のあん分計算を行っているか）		
	4	実測精算金の収受	売買契約後に土地等の実測を行い精算金を収受した場合において、精算金を譲渡対価に含めているか		
	5	未経過固定資産税の収受	売買契約に際し未経過固定資産税を収受した場合において、未経過固定資産税を譲渡対価に含めているか		
取得費	6	取得費等	取得費及び取得年月日は、契約書等で確認したか（共有の場合には、取得費のあん分計算を行っているか）		
	7	買換え等の特例の適用を受けた土地等・建物	取得時に買換え等の特例の適用を受けている土地等・建物について、買換え等の時の譲渡資産を基礎として計算した金額を取得費としているか		
	8	建物の減価償却	建物の用途（居住用・業務用等）に応じて、取得時から譲渡時までの期間の償却が行われているか		
	9	概算取得費の適用	概算取得費（譲渡対価×5％）を適用した場合において、造成費・改良費等を取得費に含めていないか		
	10	取得費加算の特例	相続財産を譲渡した場合の相続税額の取得費加算の特例の各種要件（相続税の申告期限の翌日以後から3年以内の譲渡）を確認したか		
			平成27年1月1日以後に相続等により取得した土地等を譲渡した場合には、取得費に加算できる金額は、譲渡した土地等に対応する相続税額に相当する金額であることを確認したか		
譲渡費用	11	譲渡に際し支出した費用	譲渡に際し支出した費用の範囲は限定されているが（登記等の費用・仲介手数料・その他譲渡のために直接要した費用）、その範囲を確認したか		
	12	譲渡価額を増加させるために支出した費用	土地等を譲渡するための借家人への立退料又は建物の取壊しに要した費用等に該当することを確認したか		

	No.	項目	チェックの内容	担当者 チェック欄	確認者 チェック欄
譲渡費用	13	譲渡資産の維持管理費用	譲渡資産の維持管理費用（譲渡資産の保有期間中の修繕費・固定資産税等）は、除外しているか		
長期・短期の判定	14	長期・短期の区分	譲渡資産の所有期間が5年を超えると長期譲渡になるが、所有期間は譲渡年の1月1日において5年超であることを確認したか （令和4年分の場合） 長期 ⇒ 平成28年12月31日以前の取得 短期 ⇒ 平成29年1月1日以後の取得		
	15	所有期間の判定	譲渡資産の所有期間は、取得日を契約効力発生日基準とし譲渡日を引渡基準によることもできるが、所有期間の判定に誤りがないか		
	16	長期・短期の税率	長期譲渡（国税15%・地方税5%）と短期譲渡（国税30%・地方税9%）では税額計算における税率が異なるが、税率に誤りがないか※国税は、譲渡所得税以外に復興特別所得税（国税×2.1%）が課される。		
住居用・事業用資産等の課税の特例	17	居住用財産に係る3,000万円の特別控除 （自己居住用の特例） （措法35①）	譲渡資産は、譲渡者の居住用として利用していたか		
			譲渡資産の買主は第三者（譲渡者の配偶者・一定の親族等・一定の同族会社以外）であるか		
			譲渡年の前年又は前々年に居住用財産の買換えや居住用財産の交換の特例等を受けていないか		
			譲渡年の前年又は前々年に、本特例の適用を受けていないか		
			居住用財産に係る3,000万円の特別控除と居住用財産の買換え（譲渡利益の場合）について、どちらの特例を適用すべきか検討を行ったか		
	18	居住用財産に係る3,000万円の特別控除 （空き家の特例） （措法35③）	譲渡者は、相続又は遺贈（死因贈与を含む）により被相続人の居住用家屋及び被相続人の居住用家屋の敷地等を取得した相続人か		
			譲渡資産は、被相続人居住用家屋（昭和56年5月31日以前の建築に限る）及び被相続人居住用家屋の敷地等か		
	18	居住用財産に係る3,000万円の特別控除 （空き家の特例） （措法35③）	相続開始日から同日以後3年を経過する日の属する年の12月31日までの間の一定の譲渡（①耐震リフォーム後の家屋及び敷地の譲渡、家屋取壊後の敷地の譲渡）に該当するか		
			老人ホームで死亡した場合も、確認しているか		
			譲渡価額が1億円以下であるか		
			平成28年4月1日から令和5年12月31日までの間の譲渡か		

	No.	項目	チェックの内容	担当者 チェック欄	確認者 チェック欄
住居用・事業用資産等の課税の特例	19	居住用財産に係る軽減税率 （措法31の3）	譲渡資産は、譲渡者の居住用として利用していたか		
			譲渡資産の所有期間は譲渡年の1月1日において10年超であるか		
			譲渡年の前年又は前々年に軽減税率の適用を受けていないか		
	20	特定の居住用財産の買換え （譲渡利益の場合） （措法36の2）	令和5年12月31日までの譲渡か		
			譲渡資産・買換資産は、譲渡者の居住用財産に該当するか		
			譲渡資産の所有期間は譲渡年の1月1日において10年超であるか		
			譲渡資産の譲渡対価は1億円以下であるか		
			買換資産の各種要件（居住床面積50㎡以上・敷地面積500㎡以下・取得期限・居住期限・中古資産を取得する場合等）を確認したか		
	21	居住用財産の買換え（譲渡損失の場合）の譲渡損失の損益通算及び繰越控除等 （措法41の5・41の5の2）	令和5年12月31日までの譲渡か		
			譲渡資産・買換資産は、譲渡者の居住用財産に該当するか		
			譲渡損失の損益通算及び繰越控除の特例は二種類あるが（措法41の5・41の5の2）、それぞれの特例の相違を確認したか		
			繰越控除を受ける年分の合計所得金額は、3,000万円以下であるか（損益通算を行う年分は所得制限なし）		
	22	特定の事業用資産の買換え （措法37）	譲渡資産の各種要件（事業用又は準事業用資産に該当・所有期間等）を確認したか		
			買換資産の各種要件（事業用又は準事業用資産に該当・土地等の面積制限・取得期限・事業供用期限等）を確認したか		
	23	固定資産の交換 （所法58）	交換譲渡資産及び交換取得資産は、いずれも固定資産であり同種の資産に該当するか		
			交換譲渡資産は、1年以上所有資産に該当するか		
			交換取得資産は、交換の相手が1年以上所有し、交換のために取得したものでないことに該当するか		
			交換取得資産は、交換譲渡資産の譲渡直前の用途と同一用途に供したか		
			交換差金は、交換譲渡資産と交換取得資産のうちいずれか高い価額の20%を超えていないか		

	No.	項目	チェックの内容	担当者 チェック欄	確認者 チェック欄
住居用・事業用資産等の課税の特例	24	その他 （措法33、33の4・35の2、所法64②）	収用等の場合の課税の特例の各種要件（買取り等の期限等）を確認したか		
			収用等に係る補償金等の所得区分に誤りがないか		
			収用等に係る5,000万円特別控除と代替資産取得について、どちらの特例を適用すべきか検討を行ったか		
			平成21年1月1日から平成22年12月31日までの間に取得した国内にある土地等で譲渡した年の1月1日において、所有期間が5年を超えるものを譲渡した場合において、1,000万円の特別控除を適用したか 平成21年中に取得した場合は、平成27年以降の譲渡 平成22年中に取得した場合は、平成28年以降の譲渡に適用される		
			保証債務を履行するために資産を譲渡した場合の課税の特例の前提となる各種要件（債務保証をした時点で債務者に資力がない場合は適用なし等）を確認したか		

●チェック欄には、OKの場合は○、該当ない場合は△、NOの場合は×とコメントを記入すること。
　また、一旦×となった場合は、○又は△と記入できるまでその理由・原因を調査すること。
●本チェックリストは、一般的な必要最低限の項目のみを対象としており、当該関与先の実情等を勘案し、適宜項目を追加した上で利用すること。

■著者略歴

中島　孝一（なかじま・こういち）
税理士

中島税理士事務所・所長、日本税務会計学会・相談役、東京税理士会・会員相談室運営委員、日本税務研究センター・電話相談員、MJS税経システム研究所・客員研究員

【著書等】
『2023年対応　Q&A確定申告』（ビジネス教育出版・共著）、『令和4年度よくわかる税制改正と実務の徹底対策』（日本法令・共著）、『個人・法人対応　新型コロナ・災害対応の税目別申告ガイド』（ぎょうせい・共著）、『相続税実務の"鉄則"に従ってはいけないケースと留意点』（清文社・共著）、『「事業承継税制の特例」完全ガイド』（税務研究会出版局・共著）、『改訂版　事例式　資産をめぐる複数税目の実務』（新日本法規出版・共著）、『租税基本判例80』（日本税務研究センター・共著）　他

【執筆協力】
　鈴木　俊介（西野会計事務所）
　高田　京輔（西野会計事務所）

税賠保険事故から学ぶ

税目別　税理士実務の落とし穴

令和4年12月15日　第1刷発行

　　　著　者　中島　孝一

　　　発　行　株式会社ぎょうせい

　　　　　　　〒136-8575　東京都江東区新木場1-18-11
　　　　　　　URL：https://gyosei.jp

　　　　　　　フリーコール　0120-953-431

　　　　　　　ぎょうせい　お問い合わせ　検索　https://gyosei.jp/inquiry/

〈検印省略〉

印刷　ぎょうせいデジタル（株）　　　　　　　　ⓒ2022　Printed in Japan
※乱丁・落丁本はお取り替えいたします。
　　　　　　　ISBN978-4-324-11225-0
　　　　　　　（5108840-00-000）
　　　　　　〔略号：税賠落とし穴〕